Luis Vélez de Guevara

Antonio Coello

Francisco de Rojas Zorrilla

También la afrenta es veneno

Barcelona **2024**
Linkgua-ediciones.com

Créditos

Título original: También la afrenta es veneno.

© 2024, Red ediciones S.L.

e-mail: info@linkgua.com

Diseño de cubierta: Michel Mallard.

ISBN tapa dura: 978-84-9953-702-3.
ISBN rústica: 978-84-9816-350-6.
ISBN ebook: 978-84-9897-991-6.

Sumario

Brevísima presentación

La vida

Luis Vélez de Guevara (Écija, Sevilla, 1579-Madrid, 1644). España.
Nació en una familia acomodada, se licenció en artes en 1595 por la
Universidad de Osuna y poco después entró al servicio del cardenal-arzo-
bispo de Sevilla. En 1600 se fue a Italia y se alistó en la milicia del conde de
Fuentes, después estuvo bajo el mando de Andrea Doria y Pedro de Toledo.
Tras una corta estancia en Valladolid, vivió en Madrid y, al servicio del conde
de Saldaña, se dedicó al ejercicio de la abogacía y de las letras. El cargo de
ujier de cámara del rey, que consiguió en 1625, no le permitió mantener con
holgura a su numerosa familia.

Antonio Coello y Ochoa (Madrid, 1611-Madrid, 1682) España.
Autor poco conocido, escribió sobre todo en colaboración con Calderón de
la Barca, Vélez de Guevara, Rojas Zorrilla, Pérez de Montalbán, y con su hermano Juan Coello.

Francisco de Rojas Zorrilla (Toledo, 1607-Madrid, 1648). España.
Hijo de un militar toledano de origen judío, nació el 4 de octubre de 1607.
Estudió en Salamanca y luego se trasladó a Madrid, donde vivió el resto de su
vida. Fue uno de los poetas más encumbrados de la corte de Felipe IV. Y en
1645 obtuvo, por intervención del rey, el hábito de Santiago.

La trama

También la afrenta es veneno relata la historia de un rey que desea a la esposa
de uno de sus cortesanos, y para conseguir sus propósitos lo envía a una
misión remota. Tras cometer la afrenta contra su leal servidor, el rey se depri-
me y termina sumido en la locura.

Personajes

El rey de Portugal
El maestre de Avís, su hermano
El prior de Ocrato
Vasco de Almeida
Don Claudio
Juan Lorenzo de acuña
La infanta
Doña Leonor de meneses
Guiomar, criada
Barreto, gracioso
Un pintor
Música

Jornada primera

Salen los Músicos cantando.

Músicos   A las fiestas que hace el valle
al despedirse el invierno
con la venida de Abril
tan deseada en el suelo,
los arroyos desatados
de la prisión que tuvieron,
bajan a ser de las aves
músicos, del Sol espejos.
Verdes gigantes los montes,
ya como riscos soberbios,
con las galas del verano
enamoran los luceros.
A la risa de las fuentes
y al aplauso de los ecos,
alienten estrellas los prados,
cortesanos lisonjeros.

(Salen el Rey, de gala, el Maestre, Don Claudio, Vasco y el Prior.)

Rey   No han abierto una ventana.

Prior   Habranla en el alma abierto,
que por más escandalosa,
señor, condenará el dueño
la de los balcones.

Rey   ¡Ay,
Prior de Ocrato, que temo
que es en el alma lo mismo,
que tiene de bronce el pecho!

Prior
                Nada puede resistirse
                a un Rey, y Rey en efecto
                de Portugal; vuestra alteza
                desconfía como cuerdo
                y ama como portugués,
                que de amor es sombra el miedo.

Rey
                Don Claudio de Portugal,
                yo amo a una roca de acero,
                un escollo de diamante,
                idolatro un áspid; luego
                una montaña conquisto,
                un imposible deseo,
                y un basilisco en el alma
                es mi huésped de aposento;
                por amante no la obligo,
                por rey vencerla no puedo,
                por vasalla no me admite
                con humos de casamiento
                por desigual de quien soy;
                aunque es tan noble, la dejo,
                y ambos nos desconcertamos,
                yo por más y ella por menos.
                ¡Oh mal hayan pundonores
                de vasallajes y reinos,
                si amor igualó las almas
                y es más soberano imperio!
                Vive Dios, que he de casarme
                con ella, aunque ponga a riesgo
                la amistad del rey don Jaime
                de Aragón, tan grande deudo,
                con cuya Infanta, Prior,
                por mis poderes se han hecho

ya las capitulaciones,
y esperan que por momentos
vaya el Maestre de Avís,
mi hermano, por ella.

Prior   En tiempo
está, Señor, vuestra alteza
como Rey, y como dueño
de su gusto, deponer
por ejecución deseos
tan enamorados, que
no será el primer ejemplo
entre los reyes el tuyo,
pues tantos, como sabemos,
con vasallas se han casado,
y no está el ejemplo lejos
de vuestro padre con doña
Inés de Castro, que hoy vemos
en el mármol coronada
de su insigne mausoleo
Por Reina de Portugal,
y doña Leonor no es menos
por Téllez y por Meneses.

Rey   Prior, que como discreto
vasallo, que como noble
alientas mis pensamientos,
no sin causa eres de mí
el más válido, que es necio
quien de un rey se opone al gusto
con no escuchados consejos.
Doña Leonor de Meneses,
en quien tan gran sangre veo
con tan divina hermosura,

ha de ser Reina, en efecto,
de Portugal, que mi amor
la ha dado merecimientos
Para serlo de dos mundos;
perdone Aragón y el reino
si se ofenden, de que rompa
fe, amistad y parentesco
con don Jaime y con Leonor,
su Infanta, que la que quiero
es la de Meneses sola,
dueño y alma de mi pecho;
ésta es la Leonor que adoro,
todas de esta que deseo
son sombras, y es este nombre
tan repetido en los ecos
de mi amor, que no he tratado
en Castilla casamiento,
en Francia, ni en Aragón,
después que por esta muero,
que no hayan sido Leonores
todas, que parece extremo
o prodigio de la estrella
que me inclina a este portento
de hermosura.

Prior   ¿Vuestra alteza
no podrá con otros medios
rendir su altivez?

Rey   Prior,
¿quién os acompaña?

Prior   Vuestro
hermano don Juan, maestre

de Avís, y con él el viejo
ayo de vuestras altezas,
Vasco de Almeida.

Rey   Confieso
que respeto su valor
y que alabo sus alientos
en esta edad.

Vasco   Llevará
bien guardadas por lo menos
vuestra alteza las espaldas.

Rey   Muchos días ha que creo
eso de vos, Vasco.

Maestre   Y yo
a vuestra alteza le ofrezco
lo mismo que Almeida.

Rey   Hermano
ya tengo en vos de eso mesmo
muchas experiencias, todas
al amor grande que os tengo
debidas; ¡hola! volved
a cantar, que ver espero
antes que de aquí me vaya
el Sol, o los soles bellos
de Leonor.

Vasco   ¡Fuerza notable
de amor y obstinado empeño!

Músicos (Cantando.)   Al parabién que dan todos,

fuentes, montes y arroyuelos,
prados, valles, ecos y aves,
las estrellas y luceros.

(Salen Juan Lorenzo de Acuña, de noche, con espada y broquel y Barreto de la misma suerte.)

Barreto   Digo que es aventurarte
mucho.

Juan   Sí un mundo, Barreto,
e me opusiese delante,
y muchos, fuera lo mesmo
en esta ocasión.

Barreto   Pues dales,
que me has metido en el cuerpo
toda la mesa redonda
y estoy espuinando acero.

Músicos (Cantando.) Lisarda hermosa, milagro
tirano, encanto del Tejo,
Si antes sirena de plata
del cristalino Mondejo.

Juan   No canten más y despejen,
señores músicos, luego
la calle, si no procuran
ver volar los instrumentos
desde sus sienes al aire,
haciendo a los que son dueños
de la música lo mismo.

Músicos   ¡Hombre notable y resuelto!

Juan	Si prosiguen lo verán.
Barreto	Y aunque no prosigan.
Músico II	Bueno; locos deben de venir.
Barreto	Lo borracho nos han hecho de merced.
Juan	¿Qué es lo que aguardan?
Barreto	Deben de esperar el pliego que baja de la consulta.
Juan	Yo no podré, porque vengo con menos flema.
Músico I	Hombre, sombra, o demonio, que te has puesto a intentar cosa tan grande, mira que viene por dueño desta música un hidalgo, a quien le guardan respeto en Portugal, y podrás deste desalumbramiento salir muy escarmentado.
Juan	A ninguno se lo debo del Rey abajo, ocupando contra mi gusto este puesto, y vive Dios...

Rey
                            Ved, Prior,
qué hombre es ese desatento
que a los músicos estorba
que canten.

Prior
                         Ir pretendo
a despejarte.

Vasco
                        Y si quiere
el Prior dejar de hacerlo
y quedarse con su alteza,
aún se me acuerdan en estos
lances los pasados bríos,
pues no me ha llevado el tiempo
todo el vigor de los brazos
ni todo el valor del pecho.

Rey   Sois siempre Almeida.

Don Claudio
                           El Maestre
de Avís, a todos recelo
que nos ganó por la mano.

Maestre   Cantad, que este caballero
que estuvo desalumbrado,
habrá mudado de intento,
o rogaréselo yo
a cuchilladas.

Juan
                        Sospecho
que habláis porque vienen tantos
con vos, y en todos no tengo
para comenzar, que soy
muy hidalgo y tengo celos.

16

(Saca la espada y broquel, Barreto lo mismo, y todos batallan menos el Rey.)

Barreto Ea, que todos son pocos,
y no hay cosa contra el miedo
como estocada de puño.

Rey Afuera, apartad, que quiero
conocer quién ha tenido
tan nunca imitado esfuerzo,
aunque arriesgue que me vea
en esta ocasión...

Vasco Teneos
al Rey.

Juan A ese nombre solo
rendirse puede este acero.

Barreto Y el mío, que no lo hiciera
con César ni con Pompeyo.

Rey ¿Quién sois?

Juan Un hidalgo honrado
en Portugal.

Rey ¿Cómo es vuestro
nombre?

Juan Juan Lorenzo Vázquez
de Acuña, de cuyos hechos
en África me acreditan
tantos gloriosos trofeos,

tantos triunfos y victorias,
como vuestros dos consejos
de Estado y Guerra están bien
informados, y los reinos
de Portugal y el Algarbe.

Rey Ya os conozco, Juan Lorenzo;
pero ¿qué motivo ha sido
tan desatinado y ciego,
el que os ha obligado aquí
a tan locos desaciertos?

Juan Señor, es ésta mi casa,
y cuando a estas horas vengo
de hablar vuestros secretarios
que remisos y molestos
ni tratan de despacharme
ni de haceros un recuerdo
en mis servicios; y apenas
pisar mis umbrales puedo,
hallando ocupado el paso
y escandalizado el pueblo
con músicas a deshoras,
el terreno traduciendo
de palacio a mis balcones.
Y ya veis, como tan cuerdo,
en los que somos casados
el peligro que trae esto,
pues las apariencias suelen
despertar cada momento
al descrédito, a la infamia,
honras que estaban durmiendo.
Ésta ha sido la ocasión
de mi loco arrojamiento,

ignorando que podía
estar vuestra alteza haciendo
este escándalo en mi calle,
y agravio tan forastero
de quien es, a las paredes
esta casa, que, en efecto,
es la casa de un casado
tan honrado caballero.

Rey   ¿Cómo casado y en esta
             casa?

Juan   Estoylo con su dueño,
             doña Leonor de Meneses.

Rey   ¡Qué es esto que escucho, cielos!

Juan   Hija del gran Payo Alfonso
             de Meneses, que sirviendo
             a vuestra alteza murió,
             habrá un año, en el Gobierno
             de Ceuta.

Rey (Aparte.) ¡Celos, qué escucho!
             ¡Si no es sombra, si no es sueño,
             cielos, perderé el sentido
             a las manos de mis celos!

Juan   Ha días que con las almas
             los dos nos correspondemos,
             y para unirlas en una
             fue bisagra el casamiento.

Rey   ¿Cómo sin licencia mía,

siendo en Portugal precepto
tan inviolable en los nobles
pedirla a su Rey primero
para casarse, tuvistes
tan notable atrevimiento,
tan extraño desacato
que sin ella lo habéis hecho?

Juan

Por yerro de amor podrá,
pues son dorados sus yerros,
vuestra alteza perdonarlo;
que este lance, este suceso,
a publicar que lo estaba
me obligó con tanto extremo
a vuestra alteza la culpa
licenciosa, no advirtiendo
de no habérosla pedido.

Rey

Delitos, que en el respeto
tocan de la majestad
Real con tan grande exceso,
demostración igual piden
en el castigo: tres Pedros
hubo en Portugal, Castilla
y Aragón a un mismo tiempo,
todos tres primos hermanos,
y a todos tres nombres dieron
de Crueles; yo soy hijo
del de Portugal, y tengo
de mostrar que soy retrato
de original tan perfecto
en esta ocasión.

Vasco

Señor,

merezcan algún descuento
en esta culpa los muchos
servicios de Juan Lorenzo;
vuestra alteza...

Rey   No me habléis
más, Vasco de Almeida, en eso,
que es cansaros y cansarme.

Maestre   La piedad siempre en los pechos
Reales, como en Dios, luce
más que el rigor.

Rey   Yo deseo,
Maestre, dar a entender
a mis vasallos, que heredo
de nuestro padre el valor
que en Portugal será eterno,
que soy su propio traslado,
que soy Fernando el primero,
que soy virey de Dios mismo,
que soy teniente del cielo.

(Aparte.)   (Que soy de Leonor amante
Y que de celos me muero;
¡posible es que (¡loco estoy!)
goza a Leonor Juan Lorenzo,
y un Rey de Portugal no!)

Juan (Aparte.)   Mas es este sentimiento
de amante, honor, que de Rey
nunca mienten los efectos;
y esta música le daba
el Rey a Leonor. ¡Ah cielos!
¡Y ay celos de mujer propia

y de un Rey! ¡Perderé el seso!

Vasco (Aparte.)   A Juan Lorenzo de Acuña
notable inclinación tengo,
y me pesa deste lance,
y si con Fernando puedo
he de hacer por él prodigios,
que la amistad sabe hacerlos.

Rey (Aparte.)   (¡Ay Leonor! ¡Ay Leonor mía!
¡Ay tiranizado duelo!)
Vamos, Maestre y Prior,
vamos; sin alma en el pecho
voy y veneno espumando;
matarele, vive el cielo,
y aún no estaré con su muerte
de mis celos satisfecho.

Vasco   Seguid, Juan Lorenzo, al Rey
de rodillas por el suelo,
que es deidad humana y quiere
ser rogada.

Juan   Ya lo intento:
Señor, Señor, vuestra alteza...

Rey   Quedaos, quedaos, Juan Lorenzo,
que me habéis dado el pesar
mayor, el susto más nuevo
que vasallo a rey dar pudo.

Juan (Aparte.)   ¿Qué más claro, qué más cierto
puede estar, cielos, mi agravio?

Rey

Los que son vasallos buenos
han de ser, en casos tales,
linces de los pensamientos
de los reyes, y los que obran
en todo el contrario de esto,
son atrevidos, son falsos,
son ingratos, son soberbios,
son aleves, son tiranos,
son traidores y groseros,
y vos lo sois todo junto
pues habéis sido uno de ellos.

(Vase el Rey y los suyos, y queda Juan Lorenzo y Barreto.)

Barreto (Aparte.)

Con duro espigón, adonde
suelen decir los plebeyos,
a Juan Lorenzo ha dejado
el Rey, no puede ser menos,
sino que haya aquí un gran paso
de comedia de lo acedo,
de lo apretado que llaman,
de lo de echar el sombrero,
de lo de arrojar la capa.

Juan

¿Estoy soñando? ¿qué es esto?

Barreto

Entre el amor y el honor
bravo soliloquio espero.

Juan

¿Qué esto que por mí pasa?
¿Para cuándo es mejor tiempo
de morir un desdichado
que cuando llega a saberlo?

Barreto	Jamás fue bueno morir,
	porque no hay cosa en el suelo
	más infame que un difunto,
	mas desairada que un muerto;
	lo que deja hacer de sí,
	lo que sufre, lo que siendo
	antes treinta papagayos,
	se acredita de secreto.
	Luego le echan de su casa
	huyendo de su aposento
	donde ha estado; todos tienen
	de solo nombrarle miedo,
	que me espanto, vive Dios,
	como en el libro del duelo,
	entre las cinco palabras
	por la mayor no la han puesto,
	que para cargar a un hombre
	que hubiera muerto a mi abuelo,
	mientes como difuntillo
	fuera el oprobio postrero.
Juan	Ni lo que dices escucho,
	ni estoy conmigo, ni entiendo
	adónde pongo las plantas,
	ni sé si vivo o si muero.
Barreto	El zaguán hemos pasado
	de casa, y sale recelo
	a recibirte Guiomar
	con una luz.
Juan	Otra veo
	en los abismos que surco,

(Sale Guiomar con una luz, y detrás de ella Doña Leonor de Meneses, y pone Guiomar la vela sobre un bufete.)

que más me alumbra, Barreto;
pluguiera a Dios que el engaño
entre los oscuros velos
de sus aparentes sombras
mi honor hubiera encubierto.

Barreto   ¿Mi señora?

Juan   ¿Leonor?

Barreto   Sí,
de su amor haciendo alarde.

Doña Leonor   Pues, señor mío, tan tarde...

Juan   Bien temprano es para mí.

Doña Leonor   ¿Cómo temprano?

Juan   No soy
quien habla en mí, lo que digo.

Doña Leonor   Pues ¿cómo estando conmigo?

Juan   Como conmigo no estoy.

Doña Leonor   ¿Con vos no estáis?

Juan   Claro está,
si estoy en vos, Leonor mía.

Doña Leonor	Siempre mi amor desconfía.
Juan	¿Y el mío, Leonor, qué hará?
Doña Leonor	Fiar inmortalidades

del mío, que ha de vencer
al tiempo, y siempre ha de ser
alma de estas dos mitades,
una sola que es la vida
inmóvil; un corazón
que amor vinculó esta unión
desde el venturoso día
que os di el alma, dueño mío,
y el corazón con la mano,
despojo que intenta en vano
todo el humano albedrío,
todo el imperio, el poder
de la tierra, contrastar
esta roca opuesta al mar
que se ha mentido mujer.
Este monte, coronado
de robles, que toca al cielo,
que algún tirano desvelo
humano le ha imaginado,
nada mi pecho importuna;
que tan heroica mujer
no tiene un mundo poder,
el tiempo ni la fortuna;
que soy, venciendo intereses
de reinos, con valor godo,
roca, monte, y sobre todo
doña Leonor de Meneses.

Juan   Guárdete el cielo, Leonor,

los siglos de mi deseo,
que de tan dichoso empleo
puede estar vano mi amor.
Yo satisfacción ninguna
del tuyo no he menester,
que sé que eres mi mujer,
y en Portugal otra alguna
no te puede aventajar
en sangre ni obligaciones;
mas tráenme mis pretensiones
tan cansado de cansar
ministros y consejeros,
que no sé cómo venía
cuando llegué, Leonor mía,
a adorar tus dos luceros;
y como fuera de mí
no supe (perdone amor)
como me hablaste, Leonor,
ni como te respondí;
que de tu amor verdadero
seguro está mi cuidado:
quien ama, es desconfiado,
quien es dichoso, es grosero.
Dame tus manos, pondré
en sus cristales la boca,
monte de mi honor y roca
de mi amor y de mi fe.

Barreto (Aparte.)   Gracias a Dios que parece
que se ha satisfecho ya.

Guiomar (Aparte.)   En obstinado el Rey da,
pero Leonor le aborrece.

Barreto	Hasta ahora no sabía
	que estaba con él casada,
	y hubo una brava ensalada
	en la calle, Guiomar mía.
Guiomar	¿Mía? Esa es llaneza rara
	muy para novios y primos;
	¿En qué bodegón comimos?
Barreto	En el de tu hermosa cara.
Guiomar	No van a ese bodegón
	Lacayos, que pico más
	alto.
Barreto	Guiomar, estarás
	(claro está) en esta ocasión
	del Rey cascabeleada
	con bostezos palaciegos;
	¿Mas qué traes desasosiegos
	de una llave pavonada?
	¿Mas qué te sueñas, Señora,
	de coche? ¿Mas qué te pintas
	llena de rosas y cintas
	camarera de la Aurora?
	Pues acuérdate, Guiomar
	que eres humilde mujer,
	Y en Guiomar te has de volver
	y en fregona has de parar,
	y que has de ser, en efeto,
	pues tal vanidad te atiza,
	como los hay de ceniza
	el miércoles de Barreto.

Guiomar	Pícaro de bajas prendas,
	¿Qué no ves las que hay en mí?
	Yo pienso ser para ti
	martes de Carnestolendas.

(Tocan guitarras, y dice dentro el Rey.)

Rey	Cantad, cantad hasta el día,
	que mi amor no me da espacio
	para volverme a Palacio.

| Guiomar (Aparte.) | El Rey vuelve a su porfía. |

Músicos (Cantan.)	Sale Estela Dalva,
	amañese obeim,
	recordai mi ñalma,
	naom durmais meu beim.

Juan (Aparte.)	El Rey ha vuelto a la calle;
	¡Ah sospechas! ¡Bien teméis
	su temeridad tirana
	en el dominio del Rey!
	Esto es tomar la paciencia
	de un vasallo de mi fe,
	con sangre y honor de Acuña
	y celos de portugués.

Músicos (Cantan.)	Vida de mi ñalma,
	naom vos posse ver,
	esta naom he vida
	para se sufrer.

| Juan | Ni esto se puede tampoco |
| | sufrir; estoy por hacer, |

por intentar, aunque arriesgue
mil vidas, y el interés
de tanto blasón, ganado
a costa de tanta fe,
sangre noble, un desatino
que fama inmortal me dé.
Castigarme en el honor
una omisión, por no haber
pedido licencia para
mi casamiento, es cruel
recompensa, es tiranía,
es bárbaro proceder,
que el Rey es rey de las vidas,
y no puede ser juez
de las almas, pues allí
es solar el interés;
aquí del Rey contra él mismo,
o aquí de Dios contra el Rey.

Doña Leonor   Gran Juan Lorenzo de Acuna,
Señor, esposo, mi bien
adorado dueño mío,
reportaos, no os destempléis
de suerte en esta ocasión
y aunque mayor os la den,
que ofendáis la confianza
que de mí debéis tener,
que mi valor es diamante
de tan generosa ley,
que está con el Sol al tope,
y el dorado rosicler
compitiéndole en el fondo
corre parejas con él,
que estos desaciertos son

escándalos del poder,
no riesgos de vuestro honor
ni asaltos de mi desdén;
que, vive Dios, que a pensar
que os pudieran ofender
a mí ni a vos en las sombras,
que hay sangre en mi que heredé
de los Tellos de Meneses,
y en ella valor también;
sin aventuraros vos
para intentar, por mujer
vuestra en primero lugar,
y por quien yo soy después,
la satisfacción bastante
a la opinión, con los pies
con las manos, con los dientes,
con los ojos, que beber
sabrán, hechos basiliscos
llenos de hidrópica sed,
sangre, y venenoso aliento
a los áspides por él;
que para mujer tan grande
como con vos llego a ser,
es mucho mundo su honor
y flaco enemigo un Rey.
Esto me lo debo a mí,
y por vos lo debo hacer
cuando por mí no lo hiciera
y, vive Dios, otra vez,
si en este particular
llego de vos a entender
el escrúpulo menor
en ofensa de la fe
de mi amor y vuestra sangre

que me mate, que me dé
ponzoña, que del acero
invencible que traéis
me pase de arte a parte
el pecho, donde se ve
vuestro retrato por alma
y toda mi vida en él,
habiendo hecho primero
en la vuestra, que adoré
el mismo mortal estrago,
resuelta, honrada y cruel
esto lo tened por dicho
y por hecho lo tened,
cuando otra vez el recelo
sea con vos descortés.
Canten en la calle o lloren,
pongan sitios a mi fe
y asaltos al imposible
alcázar de mi amor den,
porque vos sois Juan Lorenzo
de Acuña, y soy y he de ser
yo siempre doña Leonor
Téllez de Meneses, prez
de Castilia y Portugal,
que, antes que sus reyes, fue
mi apellido generoso
timbre del blasón leonés.
Ésta soy yo y vos sois éste,
a la memoria os traed
quien sois vos, y quien soy yo,
y no tendréis qué temer,
si estáis con vos y conmigo,
ningún siniestro vaivén
de la fortuna, rigores,

fuerzas, tirano poder,
amenazas, Reyes, rayos
mundos y esferas, porque
vos sois el muro, y yo soy
hiedra de vuestra pared.

Juan   Mienten con vos, Leonor, cuantas
celebra el tiempo, después
que hubo griegos y romanos;
dame los brazos.

Barreto   El Rey.

Juan   ¿Cómo el Rey?

Barreto   De Portugal.

(Sale el Rey, el Maestre, Vasco y el Prior.)

Rey   No todo os lo habéis de haber,
Señora doña Leonor,
con vuestro esposo.

Doña Leonor   No sé
a qué efecto vuestra alteza
nos hace tanta merced.

Rey   Vengo, como tan parienta,
a daros el parabién
de vuestra boda, que soy,
como suele acontecer,
el primero que lo siente
y el postrero que lo sé;
que me tocaba ser vuestro

padrino por justa ley
del deudo que en Portugal
los dos conmigo tenéis.

Juan

Guarde Dios a vuestra alteza
los años que ha menester
el reino, por las mercedes
y por las honras también
que nos hace.

Rey

Levantad,
que muchas os pienso hacer,
Juan Lorenzo, que he mudado
el primero parecer,
porque a los servicios vuestros
lo mucho que debo sé;
Vasco de Almeida ha mostrado
que es muy vuestro amigo, a quien
como el Maestre, mi hermano,
muchas finezas debéis,
y no menos al Prior
de Ocrato, que os quiere bien.

Juan

Esclavo de todos soy.

Rey (Aparte.)

¡Cielos, que he venido a ver
con otro dueño a Leonor!
Los sentidos perderé,
si ya no vengo sin alma.

Doña Leonor

Aquí no tengo qué hacer;
vuestra alteza me perdone,
y me dé licencia que
a mi cuarto me retire.

Rey (Aparte.)   (¡Qué despego, qué desden!)
                 Guardeos Dios.

Doña Leonor   El cielo os guarde.

(Vase.)

Rey (Aparte.)   (Del imperio del Argel,
                 del encanto de esos ojos
                 que estrellas desprecian ser,
                 muero de celos y amor.)
                 Tarde es, y querrá también
                 Juan Lorenzo recogerse.

Juan   Acompañando os iré,
                 como tengo obligación,
                 primero.

Rey   No hay para qué
                 ahora, vedme mañana
                 en Palacio.

Juan   Iré a poner
                 mi cabeza en vuestras manos,
                 y mi vida a vuestros pies.

Barreto   A Madrid, corte en Castilla,
                 se quiere el Rey parecer,
                 que dicen que a un mismo tiempo
                 llueve y hace Sol también;
                 quien le vio contra mi amo
                 no ha una hora chuzos llover
                 de amenazas y rigores,

no le creerá, si le ve
ahora sin una nube
dispensar rayos, y ser
lisonja de la cabaña
al dorado chapitel.
¡Qué presto que se mudó
del rigor a la merced,
de la amenaza al favor!
¡Oh rey Madrid! ¡oh rey mes
de Febrero, oh rey movible,
no del calendario rey!
Quien no te entiende te compre.

Vasco   Su alteza ha de conocer
vuestro valor, Juan Lorenzo
de Acuña, o yo no seré
Vasco de Almeida, de vuestro
padre amigo tan fiel.

Juan   Merezco a vueseñoría
ese favor.

Maestre   Yo, después
de Vasco de Almeida, Acuña,
soy vuestro amigo también.

Juan   Vuestra alteza llegue a verse
rey del mundo.

Prior   Yo sabré
también serviros, señor
Juan Lorenzo, porque sé
que sois tan gran caballero.

36

Juan	Siempre hará como quien es vuecelencia.
Vasco	El Rey se va.
Rey (Aparte.)	(Paredes, que de mi bien sois dichoso albergue, adiós, y él quiera que os vuelva a ver sin celos y con más dicha.) Quedaos, Juan Lorenzo, y ved que es bueno un rey para amigo, y que vuestro lo he de ser.
Juan	Levantará vuestra alteza mi humildad.
Rey (Aparte.)	Poco podré, o Leonor ha de ser mía, triunfando de su altivez.

(Vase.)

Juan	Recelos, sed confiados, que tengo heroica mujer.
Barreto	Noche toledana ha sido, yo me voy a recoger con mucho sueño y sin cena, mirad con quién y sin quién.

(Sale un Pintor con un retrato de Doña Leonor, de medio cuerpo arriba, cubierto con un tafetán.)

Pintor	El Rey está enamorado

y será mucho que duerma,
porque quien de amor enferma,
le despierta su cuidado;
y así a Palacio he venido
tan de mañana con esta
pintura, que no me cuesta
del pincel y del sentido
haberla acabado poco
trabajo, por el sujeto;
mas venció el arte, en efeto,
cuando pensé quedar loco
y hoy el plazo se ha cumplido
de la apuesta que hemos hecho,
y he de quedar satisfecho
de lo que me ha prometido,
y libre de la cruel
pena que me impuso; aquí
un hombre sale.

(Sale Barreto.)

Barreto   Sin mí
ando de puerta en cancel
en este del Rey retrete
que llaman, para saber
si se levanta, y volver
a casa como un cohete
a dar aviso a mi amo
que a Palacio ha devenir,
y me lo podrá decir
este hidalgo, que le llamo
así ahora, y puede ser
que después no se contente
con vizconde solamente,

que aquí suele anochecer
uno cerezo, y salir
San Roque por la mañana,
porque es mano soberana
la de un rey para esculpir,
como Dios, hombres de nada;
pero este tiene sin duda
cara de olicial o ayuda;
llamarele camarada,
pues en la cámara está
por no errar la ocupación;
mejor será camarón,
pescado que este mar da.

Pintor   Hidalgo, ¿es del Rey criado?

Barreto   Caballero, no, que soy
criado de Dios, y estoy
a su imagen fabricado.

Pintor   Parece hombre de placer.

Barreto   ¿Porqué, señor don Diablo?

Pintor   Porque juega del vocablo,
y esta casa suele ser
destas sabandijas jaula.

Barreto   Buenas señas, sin lisonja.
¿No puedo haber sido monja,
y don Amadis de Gaula,
que son los que más han sido
de este lenguaje fulleros?
¡Oh qué grandes majaderos

siempre a Palacio han venido!
Ya sé que no es el menor
el señor cabo de escuadra:
notablemente le cuadra
un cuento, oiga por mi amor;
mas el Rey sale imagino;
haga cuenta que es Inés;
yo se lo diré después.

Pintor   ¡Hombre extraño y peregrino!

(Sale el Rey, leyendo una carta, el Maestre y el Prior.)

Rey   Escríbeme el de Aragón
en razón del casamiento
con notable sentimiento.

Maestre   Y tiene mucha razón;
perdóneme vuestra alteza
si ésta parece osadía,
ya que Portugal porfía
que se case, y la grandeza
de un rey de Aragón no es justo
ofender con omisiones,
pues las capitulaciones
se han hecho; bien sé que al gusto
no os hablo en esta ocasión,
pero sé que a la verdad
sí, que a vuestra autoridad
toca y a mi obligación
hablaros desta manera;
lo demás será, Señor,
ser lisonjero y traidor,
no sangre tan verdadera

vuestra y tan cercana.

Rey   Hermano,
vuestros consejos estimo
y al rey don Jaime, mi primo,
a satisfacer me allano
en las quejas de no hacer
el tratado casamiento,
cuyo justo pensamiento
por obra habéis de poner,
yendo a Aragón por su Infanta,
que ya al mismo Sol igual
vendrá a ser de Portugal
Reina con grandeza tanta;
siga a un desdén un despecho,
venza a un desdén otro amor,
y saque aquella Leonor
estotra Leonor del pecho;
hoy por la posta a Aragón,
porque más mi fe se muestre,
habéis de partir, Maestre.

(Llega a hablar el Pintor con el Prior de Ocrato.)

Pintor   Yo vengo a buena ocasión.

Prior   A buena ocasión venís,
no desconfiéis.

Pintor   Señor,
no haré con vuestro favor.

Rey   Basta un Maestre de Avís
para honrar en ocasiones

de casamientos iguales,
no solo mil Portugales,
sino un mundo de Aragones.

Maestre   Vuestra alteza favorece,
               como siempre, mi persona
               por rayo de su corona.

Rey   Vuestro valor lo merece,
               y aun hay, por la astrología,
               quien diga que habéis de ser
               Rey de Portugal, y hacer
               dilatar su monarquía,
               y que el Príncipe Perfecto
               España os ha de llamar,
               que os ha de inmortalizar
               por valeroso y discreto.

Maestre   La edad pase, soberano
               Fernando, al Sol vuestra alteza,
               que no quiero más grandeza
               que llamarme vuestro hermano,
               y verán como lo muestro
               en la ocasión de Aragón.

Rey   No ha menester ocasión
               de lucir el valor vuestro;
               hoy la partida ha de ser
               no la habéis de diferir.

Maestre   Yo me voy a prevenir,
               y empezar a obedecer.

Prior   Colgadlo, para que pueda

42

verlo aquí mejor el Rey.

Pintor   Sabéis del arte la ley;
                ya como mandáis lo queda.

(Cuélgalo en la pared.)

Rey   ¿Qué es eso, Prior?

Prior   Señor,
                como el plazo se ha cumplido
                de aquella apuesta, ha venido
                con el retrato el Pintor;
                y aunque trata vuestra alteza
                de casarse, y que el Maestre
                de Avís en Aragón muestre
                de Portugal la grandeza,
                y con tanta brevedad
                de parecer ha mudado,
                a pagar está obligado
                al Pintor la cantidad
                que prometió en el contrato,
                que la palabra de un rey
                es inexcusable ley.

Rey   ¿Cómo fue, Prior de Ocrato?

Prior   Que si dentro de dos meses
                que desde entonces contaba,
                un retrato no le daba
                de la Téllez de Meneses,
                porque con dificultad
                del Sol se dejaba ver
                y era intentarlo emprender

43

la mayor temeridad,
ahorcarlo mandaría
de la almena más civil;
y si no, darle dos mil
cruzados el mismo día
que el retrato le entregase
dentro del plazo.

Rey   Es así.

Prior   Ya él está con él aquí
                        antes que el término pase;
                        cumpla corno él ha cumplido
                        vuestra alteza su concierto,
                        y haga luego del retrato
                        lo que más fuere servido.

Rey   Mando al contador mayor
                        que otros dos mil le acreciente,
                        y llévese juntamente
                        el retrato de Leonor;
                        basta el estrago que ha hecho
                        el original en mí;
                        váyase el retrato, así
                        pudiera echarlo del pecho.

Prior   Pues el desdén lo merece
                        de Leonor, eso así sea
                        pero vuestra alteza vea
                        primero si le parece;
                        mire si a la semejanza
                        con vida el pincel le anima,
                        que el grande artífice estima
                        más que el oro la alabanza.

44

Rey
Decís bien, Prior, veamos
retratado este prodigio,
este monstruo al breve espacio
deste lienzo reducido.

(Quita el Pintor el tafetán.)

Pintor
Éste es.

Rey
Parece que está
con alma, si no es el mismo
original el que veo;
él es, o estoy sin sentido;
la imaginación ha hecho
caso hoy tan raro, que miro
delante de mí la causa
de mi enamorado hechizo;
desenojo es de mis celos,
de mi amo milagro ha sido;
Leonor, señora, mi bien,
hermoso dueño, ángel mío,
un rey tenéis por esclavo
a vuestras plantas rendido,
sin alas un corazón
y un alma sin albedrío.
¿Por que encanto de mis ansias,
por qué, dichoso peligro,
conmigo tan desdeñosa?
¿Por que tan cruel conmigo?
Aguardad, pero ¿qué es esto?
Loco estoy, pues imagino
ilusiones, sueño engaños,
o por lo menos, dormido,

hasta los desdenes son
sueños en mí y parasismos,
y en mí son, como los bienes,
hasta los males fingidos.

Prior
Fuerza ha sido del pincel,
y de su amor excesivo,
suspenderse con el cuadro.

Pintor
Que al Rey satisfaga estimo
tanto, como las mercedes
que de su mano recibo.

Prior
Venid, os despachará,
que por las muestras he visto
que quiere con él quedarse,
por raro, por peregrino,
que Amor, como es niño, siempre
anda mudando designios.

(Vanse el Prior y el Pintor.)

Rey
En fin, a despecho vuestro
os tengo, Leonor, conmigo,
que incurable a los remedios,
solo con engaños vivo;
todos buscan en pinturas,
engañando a los sentidos,
lejos para la esperanza,
sombras para los alivios.

(Sale Vasco de Almeida.)

¿Qué hay, Vasco de Almeida?

Vasco	Darle a vuestra alteza infinitos parabienes de la nueva resolución, que me ha dicho el Maestre que ha tomado, desenojando a su primo el rey de Aragón, y haciendo lo que tiene tan debido y todos tan deseado, como es casarse.
Rey	Ayo mío, de vuestros consejos son efectos, que los admito, como de mi padre propio.
Vasco	Guardeos el cielo los siglos que vuestros reinos desean; Juan Lorenzo...
Rey	¿Es vuestro amigo?
Vasco	Fuilo mucho de su padre.
Rey	Pues ¿qué decís?
Vasco	Ha venido, como anoche le mandó vuestra alteza.
Rey	Sus servicios merecen que dél me acuerde, poniendo el yerro en olvido

de no pedirme licencia
para casarse.

Vasco   Delitos
que se han perdonado, son
como si no hubieran sido.

Rey   En mis celos no, que siempre
son eternos, por ser míos,
decidle que entre.

Vasco   Ya voy,
que hoy soy con vos su Padrino.

Rey   Eligió el mejor, Almeida.
(Aparte.) (Así le hubiera elegido
yo con Leonor, que nació
de las entrañas de un risco.)

Vasco   Entrad, señor Juan Lorenzo
de Acuña.

(Sale Juan Lorenzo.)

Juan   Al blasón altivo
deberán de los Almeidas
los Acuñas.

Vasco   Este oficio
de nuestra amistad es deuda,
y en mí, Acuña, muy antiguo;
llegad, que os aguarda el Rey.

Juan   A vuestra alteza suplico

me dé su mano.

Rey   Seáis,
Juan Lorenzo, bien venido.

(Aparte.)   (¡Con qué rabia, con qué envidia
y con qué celos le miro!)
Levantaos; ¿cómo estáis?

Juan   Siempre
deseando en qué serviros,
porque nunca he estado ocioso,
Señor, en vuestro servicio.

Rey   ¿Cómo está doña Leonor?

Juan   Como vuestra... ¿cómo digo?
(Aparte.)   Como vuestra esclava. (Cielos,
¿Qué es lo que a los ojos míos
se ha puesto delante? ¿No es
(¡estoy perdiendo el sentido!)
De Leonor este retrato?
¿Este nuevo basilisco?
¡Cielos, Leonor retratada,
y en el aposento mismo
del Rey y de amante suyo,
con tan notables indicios!
¡Perderé el seso mil veces,
y no sé como estoy vivo!
¡Oh mal haya la hermosura
que da el cuidado al marido,
y el primero que el honor
puso en tan grande enemigo!
¡Mal haya quien...)

Rey   Juan Lorenzo,
                  ¿Qué es lo que os ha suspendido?

Juan   Una rara novedad
                  extranjera de mi honor,
                  pues es contra mí traidor
                  con quien he hecho amistad;
                  una fingida verdad
                  que de agravios se sustenta,
                  una calma con tormenta
                  y una espía, al fin perdida,
                  que corre contra mi vida
                  la campaña de mi afrenta;
                  un empañado cristal,
                  donde el que a verse llegó,
                  de la muerte el rostro vio
                  por prodigiosa señal;
                  una atalaya inmortal
                  que a todos mi ofensa avisa,
                  un ladrón que el monte pisa,
                  que robando al alma, ingrato,
                  dejó sin vida al recato
                  y a la vergüenza en camisa;
                  un reloj de horas menguadas
                  en mi fortuna siniestra,
                  que con ser solo de muestra,
                  da mayores campanadas;
                  un huésped que en las posadas
                  ajenas se anda a poner
                  mi honor al riesgo, al poder,
                  y un vidro de agua en que yo
                  vi el perro que me mordió,
                  que rabiando he de beber,
                  esto en tan dura ocasión,

50

es lo que me ha suspendido,
que parece que he venido
para esta demostración.
¿Estos los favores son
que de vuestra alteza espero?
¡Mal haya el tirano fuero
que ató en sucesos iguales
las manos de los leales,
el corazón y el acero!
Porque sino en el estado
que miro mi deshonor,
hoy se vendiera el valor
de lo vivo a lo pintado;
mas vuestra alteza, fiado
en la dignidad suprema
de Rey, por amor o tema,
tanto infama mi opinión,
que es auto de inquisición
que en estatua me la quema.

Rey   Yo quise a Leonor primero
y vos con ella os casasteis,
yo la perdí y vos la hallasteis
más dichoso y más grosero;
yo de celos desespero
y vos os gozáis el bien;
yo muero de su desdén;
paso entre mi amor hagamos
y vuestro honor, y partamos
los sentimientos también.

Juan   Pues sin morir he escuchado
hablar a un rey desta suerte,
poco le debe a la muerte

la vida de un desdichado.

Rey   Juan Lorenzo, estáis casado
con invencible mujer;
nada tenéis que temer,
aunque en trance tan terrible
mi amor es más invencible,
pues no le puedo vencer;
esta locura, que amor
ya no se puede llamar,
dicen que se ha de curar
también con otra Leonor;
y acreditando el valor
de tan grande caballero,
honrando al Maestre, quiero
que vais a Aragón, pariente,
porque con él juntamente
seáis mi casamentero;
y este retrato que os dio,
Conde, en mi cámara enojo,
le llevaréis por despojo
que vuestro valor venció;
bandera es que os intimó
guerra al honor arrogante,
vaya arrastrando delante
y del fuego triunfo sea,
porque la beldad no vea
otra a Leonor semejante;
decidle que queda aquí
en ausencia vuestra un rey
que cumplirá con la ley
del que soy, no del que fui,
por vos, por ella y por mí;
y decidle, finalmente,

que vais, si veis que lo siente,
de mi amor por un olvido,
porque con este partido
llevará el veros ausente.
Y con esto a Dios que os dé
buen viaje, y de Aragón
os vuelva a la dulce unión
de tan invencible fe.

Juan   Ni al Rey entiendo, ni sé
qué intenta, ni dónde voy.

(Mirando el Rey el retrato.)

Rey   Leonor, de otra Leonor soy,
rindiose mi sufrimiento.

(Mirando Juan Lorenzo de Acuña el retrato.)

Juan   Leonor, pues de vos me ausento,
y sois mujer... ¡Loco estoy!

Fin de la primera jornada

Jornada segunda

(De don Antonio Coello.)

(Aparece el Rey, sentado en un trono, y a un lado el Prior, y sale Don Claudio.)

Rey   Cuando he mandado, Prior,
que se junte todo el reino,
cuando convoco este día
hidalgos y caballeros,
cuando a Cortes hoy los llamo
para proponer, resuelto,
la más atrevida hazaña
que intentó en humano pecho
el amor; y en fin, don Claudio,
cuando en el real asiento,
con majestad y decoro
y asentado los espero,
ningún vasallo ha llegado,
a ningún hidalgo veo,
ningún portugués me asiste:
¿Qué estilo es este tan nuevo?
¿Cómo tardan todos? ¿cuándo
mis portugueses tuvieron
perezosa la obediencia?

Prior   Extrañeza es en los pechos
de portugueses hidalgos
tardar del Rey al precepto;
mas, Señor, como tu amor
está nivelando el tiempo
con impaciencia amorosa,
de cada instante habrá hecho
una eternidad prolija

la cólera del deseo;
no es mucho, pues, gran Fernando,
que tarden, si estás midiendo
con los siglos de tu amor
de su omisión los momentos;
y así, Señor, no les culpes,
pues su tardanza es efecto
más de la impaciencia en ti,
que de la pereza en ellos.

Rey   No los disculpéis, Prior,
que aunque amor dilata el tiempo,
siempre en los nobles vasallos,
por ley y justicia es bueno
que la obediencia madrugue
aún mucho más que el precepto;
ya, Leonor, ya dueño mío,
divino error que apetezco,
primero viviente hechizo,
segundo animado cielo,
que está más vecina al humo
que en el altar de mi pecho,
víctima invisible el alma
brota en callados incendios,
ya aquestas idolatrías
de mi amor tienen por premio
interesado su vista;
hoy pondré quietud al miedo,
hoy daré el postrer indicio,
hoy haré el último extremo
de mi amor: hoy será mía
Leonor, sirena del Tejo.
¿Pues cómo en festivas voces,
profetas de mi contento,

no celebra el reino todo
esta dicha? ¿cómo el viento
no suena en ruidoso aplauso,
y con festivos estruendos
(Tocan atabales   por las calles de Lisboa
roncos y sordinas.)   inundados... ¡Mas qué es esto!
¿Qué triste clarín, don Claudio,
es éste, que con los ecos
del parche se mezcla ronco
en destemplados acentos?

Prior   La causa ignoro, y admiro
la novedad; mas ya veo
el origen deste enigma,
aunque la ocasión no entiendo,
que al son de los ecos roncos,
con los semblantes severos,
todo tristezas el traje,
vienen los nobles del reino
entrando por el Palacio,
y detrás de todos ellos
Vasco de Almeida, tu ayo.

Rey   ¿Pues qué proporción tuvieron
esos tristes aparatos
con mis dichosos intentos,
cuando yo a Cortes los llamo
para el más alegre empeño?
¿Cómo en día de tal dicha
viven en tristeza envueltos?

Prior   Algún motivo ocasiona
tal demostración; mas ellos
llegan ya, y podrán sacarte

de aquesta duda bien presto.

Uno (Dentro.)   Ninguno pase adelante.

Otro (Dentro.)   Solo ha de entrar allá dentro
Vasco de Almeida.

Todos (Dentro.)   Hable al Rey
Vasco de Almeida.

Rey   ¿Qué es esto?

Prior   Que hable a vuestra majestad
Vasco de Almeida primero,
pide el reino, antes de entrar
en las Cortes.

Rey   Entre luego;
dadle licencia, Prior;
alguna inquietud recelo.
¿Mas qué importa, si me hallo
para cualquiera suceso
como Rey con bizarrías,
como portugués sin miedo?

(Sale Vasco de Almeida.)

Vasco   Fernando, de nuestros reyes
el Noveno, que dilates
al Oriente los confines
de Portugal y el Algarbe;
si el Rey tiene dos oídos
equivocamente iguales
para escuchar los servicios

que al premio le persuaden,
y para atender las quejas
que por la justicia clamen,
dame el uno de ellos, Rey,
permíteme que te hable,
y porque no se equivoquen
tu atención y mis verdades,
disponte para la queja,
porque acaso no te halle
premiador, cuando te busco
justiciero, que es desaire
hasta el dar, si son los reyes
ciegamente liberales;
justicia vengo a pedirte.

Rey

Esperad; antes de hablarme,
sabed que estas dos virtudes
en el hombre, aunque le hacen
liberal o justiciero,
como él medirse no sabe
en el medio hacia el extremo,
suelen siempre destemplarse;
mas como son atributos
en el rey, como es imagen
de Dios, no tienen peligro
las virtudes de estragarse;
y así no temáis que trueque
el uso de ellas, habladme,
que aunque en los otros afectos
pueda como hombre olvidarme,
en lo que con Dios convengo
no es posible que se halle
que liberal me destemple
ni justiciero me estrague.

Vasco	Pues con esa confianza, justicia os pido.
Rey	¿De quién?
Vasco	Del Rey.
Rey	¿Del Rey?
Vasco	Perdonadme.
Rey	¿De mí?
Vasco	De vos no, del Rey.
Rey	¿Pues qué diferencia hallasteis entre mí y el Rey?
Vasco	Señor, como vos en este lance sois el juez a quien me quejo y de quien vengo a quejarme, aunque sois uno de industria, no quiero dello acordarme; porque en mí, al pedir castigo, las quejas no se acobarden, ni en vos, al hacer justicia, la pasión propia os ablande, para que con este olvido con mayor despecho os hablen mis razones de vos mismo, pensando que no lo saben; y vos con más entereza,

hagáis justicia tan grave,
que parezca que sois otro,
o que entonces lo pensasteis.

Rey   Pues decid; pero primero
mirad muy bien, escuchadme,
que justifiquéis las quejas,
que los cargos sean verdades,
que los delitos sean ciertos,
no sea que el juez se canse,
y amparando la inocencia
del que acusaron en balde,
los hilos de la justicia
se vuelvan hacia otra parte.

Vasco   Pluguiera a Dios que las quejas,
que a ti del Rey quiero darte,
fueran escrúpulos solo;
mas quiere el Rey que se pasen
a públicas evidencias,
en quien es menor ultraje,
ofender como delitos
que animar como ejemplares;
vuestra majestad, Señor,
por consejos de su padre,
por aciertos de su gusto,
por igualdad de su sangre,
por conveniencias del reino,
determinó de casarse
con la infanta de Aragón,
doña Leonor, que Dios guarde;
divirtiose deste afecto
con algunas mocedades,
que yo le culpaba viejo

y no extrañaba galante;
hasta que más corregidos
aquellos ciegos desmanes,
(Si no es que hipócrita el Etna
nieve ostente y fuego guarde)
determinó, que el efecto
tan pretendido llegase
destas bodas, que, remisas,
daban sospecha a don Jaime.
Para este fin a Aragón
fue por la Reina el Infante,
y Juan Lorenzo de Acuña,
porque el paso asegurase,
de Castilla con sus gentes
tendió las quinas al aire;
y entre tanto vos, Señor,
en vez de esperar constante
vuestra esposa, en vez de dar
premio a servicios tan grandes
a doña Leonor su esposa
públicamente robasteis
de su casa, y la tenéis,
a pesar de su linaje,
en vuestro mismo Palacio,
siendo escollo que se sale
con ser burla de las ondas
y padrastro de los aires.
Nueve reyes ha tenido
Portugal, y todos tales,
que con lo amado regían,
sin llegar a aprovecharse
de lo temido y el yugo
de su imperio, por suave,
les costó a los portugueses

poco trabajo el llevarle.
¡Oh dichoso rey mil veces,
que gobierna con tal arte,
que no les cuesta a los suyos
diligencia el ser leales!
No deis ocasión, Señor,
de que vuestro imperio extrañe
los vasallos, y pues sois
más que los otros en partes,
sed como los otros reyes
vuestros ascendientes grandes
en la templanza y justicia;
y mirad que hay ejemplares,
porque a don Sancho Capella
que amante, remiso y fácil
con doña Mencía de Haro
se casó contra el dictamen
de su reino, éste supo
por conveniencia quitarle
a su mujer con ser propia
y no su dama ni amante.
Vuestra majestad se sirva
de medirse, de templarse
o de enmendarse: bien digo.
Ayo vuestro soy, tomarme
esta licencia he podido;
mirad que afrentáis un noble,
y en nombre suyo, el ultraje
sentimos todos los nobles
de una sinrazón tan grande.
Todo el reino está quejoso,
y en demostraciones graves
los nobles de aquesta injuria
dan indicio hasta en los trajes:

los hidalgos lo murmuran,
los extranjeros lo saben,
los plebeyos lo repiten;
y en fin, no hay lugar, no hay parte,
que un escándalo no sea,
una fábula, un desaire
de vuestro crédito aquesta
sinrazón. Pues, Señor, dadle
menos rienda a ese deseo
porque acaso no os arrastre;
dejad aquesa mujer,
o si no, si no bastaren...

Rey   ¿Qué si no?

Vasco   Señor...

Rey   Decidlo.

Vasco   Que si aquesto no es bastante,
me mandó el reino que os diga...

Rey   Decidlo.

Vasco   Que os acordase,
que aún está reciente ahora
el ejemplo miserable
que dio doña Inés de Castro,
por quitar a vuestro padre...

Rey   Por eso lo está también
la venganza, que a su sangre
dio mi padre, y sabré yo,
aunque a mí cruel me llamen,

como en el amor le imito,
en la venganza imitarle:
y estoy por hacer...

Vasco   Señor...

Rey   Resuelta en ciegos volcanes
segunda Troya a Lisboa;
pero yo quiero templarme,
no parezca que no tiene,
en los cargos que me hacen,
disculpas que responder
quien responde con crueldades.
Yo admito el celo del reino,
y a vos, mi segundo padre,
el consejo os agradezco,
no el modo de aconsejarme;
que aunque obligados estén
a hablar verdad los leales
a su rey, tal vez el modo
echa a perder las verdades.
Pero por satisfacer
al reino y a vos, que hablasteis
con lealtad de ayo mío,
en el cargo que me hacen
de amar a quien es mi esposa,
digo que de aquí adelante
solo he de amar a mi esposa,
solo adoraré a su imagen,
solo seguiré su nombre,
solo estimaré sus partes.
Yo estoy casado, vasallos,
y aunque a este intento el Infante
trae a la Infanta de Aragón,

ya la Infanta llega tarde:
para daros cuenta desto
llamé a Cortes a mis grandes.
Hoy me casé en el efecto
y en la atención mucho antes,
por haceros este gusto
solo estimaré constante
a mi esposa; y pues debéis
por derechos naturales
dar la obediencia a quien fuere
mi esposa en unión suave,
entrad a verla, vasallos,
porque en debido homenaje
beséis la mano a la Reina
de Portugal y el Algarbe.

Todos (Dentro.)   ¡Viva el rey Fernando, viva!

Rey   Entren, pues, todos a hablarme
para mostrarles la Reina,
a quien deben vasallaje.

(Tocan chirimías, y sale el conde, el merino mayor, y el acompañamiento que
pudiere.)

Dadme el parabién, vasallos
llegad, pues, conde de Abrantes
hidalgos, llegad, y vos,
Vasco de Almeida, abrazadme.

Conde   Señor, ya que así nos honras...

Vasco   Ya que tal merced nos haces...

Prior   Ya que el reino favoreces...

Conde	Merezcámoste leales...
Vasco	Alcancemos tal favor...
Prior	Lógrense honores tan grandes...
Conde	Con saber quien es la Reina.
Vasco	Con saber con quién te cases.
Merino	Con saber esta elección.
Vasco	¿A quién rinde vasallaje Portugal?
Merino	¿Quién te merece?
Conde	¿Con quién la corona partes?
Vasco	¿Fue Castilla quien la ofrece?
Conde	¿Fue Francia quien te la trae?
Merino	¿Fue Ingalaterra o Escocia?
Vasco	¿Fue Hungría, Polonia o Flandes?
Rey	No, amigos; más a mi gusto quiere el amor que me case; no es hija de rey mi esposa, aunque es de reyes su sangre. La más hermosa mujer de Europa, y la de más partes

es mi esposa, portugueses,
tanto, que puede llamarse
la reina por la hermosura.
Y porque las dudas basten
doña Leonor de Meneses
es ya mi esposa: besadle
la mano, que ya amanece
a ser del Sol nuevo ultraje.

(Al son de chirimías corren una cortina, y se descubre sentada en un sitial
Leonor, y detrás de ella Guiomar.)

Vasco   ¡Qué es lo que miro!

Conde   ¡Qué es esto!

Vasco   ¡Hay intento más notable!

Conde   ¡Hay confusión más cruel!

Rey   ¿No llegáis, conde de Abrantes?

Conde   Señor...

Rey   ¿No llegáis, Almeida?

Vasco   Señor...

Rey   ¿Cómo estáis cobardes?
                   ¿Cómo dudáis? Mas si acaso
                   os da escándalo tan grave
                   verme casar con Leonor,
                   que ya engañados juzgasteis
                   esposa de Juan Lorenzo,

68

porque noticia no os falte
de la verdad, os aviso,
porque ninguno se espante.
Doña Leonor de Meneses,
a quien han hecho inclinarme
tanto aparato de influjos,
ayudados de sus partes,
por fe, por amor, por gusto,
por elección, por su sangre,
en mi concepto primero,
y luego en vivas verdades,
pronunciadas de la lengua,
cuando la intención no baste,
ha mucho que era mi esposa,
siendo el secreto la llave,
con que dentro del silencio
pudo este empleo guardarse.
Su padre después por fuerza,
que desto estuvo ignorante,
con Juan Lorenzo de Acuña
la casó, sin revelarle
Leonor las finezas mías;
y Juan Lorenzo, de amante
o de ciego, aún no aguardó
a que el Papa dispensase
en el deudo de los dos,
lo cual inválido hace
este matrimonio, amigos,
por dos causas tan bastantes:
la primera, que no pudo
serlo suya, siendo antes
mi esposa doña Leonor;
y la que más fuerza hace,
que tan deudos no pudieron

sin dispensación casarse.
Yo me he casado con ella,
con acuerdo, con dictamen
de los doctos de mi reino,
y en Coimbra los más graves
dirimen el matrimonio,
por dos estorbos tan grandes.
Esto me conviene, amigos,
Leonor es noble en linaje,
sus virtudes son heroicas,
excelentes son sus partes.
Yo la adoro ciego y loco,
ella no pudo casarse,
yo mi quietud busco en ella,
ella es fin de mis pesares.
Ya estamos los dos casados;
juradle, pues, homenaje
besadle la mano todos;
yo soy su esposo y amante,
ella es mi esposa sin duda,
pues por ley de Dios se sabe
que sin morir yo primero
no pudo serlo de nadie.

Vasco	En fin, ¿que ya estás casado?
Conde	En fin, ¿que ya te casastes?
Rey	Sí, vasallos, ya está hecho.
Vasco	Pues si tuviste dictamen que aprobó tu acción...
Conde	Si, en fin

lo aprueban varones graves...

Vasco   Ya que en eso te conformas...

Conde   Ya que en eso te ajustaste...

Vasco   ¿Qué puede hacer ya tu reino...

Conde   ¿Qué han de hacer los más leales...

Vasco   Sino obedecer tu gusto?

Conde   Sino seguir tu dictamen?

Vasco   Portugueses, nuevos Cides:
               portugueses, nuevos Martes,
               besad la mano a la Reina
               rendid todos vasallaje,
               decid que viva Fernando
               y Leonor largas edades.

Todos   ¡Vivan Fernando y Leonor!

Rey   Llegad todos, y besadle
               la mano: ya, Leonor mía,
               Portugal te ve triunfante.

Leonor   ¡Qué presto llegan las dichas
               a quien las tiene por males!

Guiomar   Calla, Señora, el reinar
               a toda ley...

Leonor   ¡Qué mal sabes,

que en quien violentada vive,
aun los reinos son pesares!

Guiomar   Ya llegan todos, atiende,
no note el Rey tu semblante.

Prior   Yo quiero ser el primero
que obediente me adelante
a besar a vuestra alteza
la mano.

Rey   Prior, ya sabe
la Reina... Pero ¿qué cajas,
(Tocan clarín y caja.) qué instrumentos militares
turban la quietud del día
en que el amor hizo paces?

Vasco   Debe de llegar ya cerca
la Reina, que estas marciales
trompas es que Juan Lorenzo
de Acuña ha llegado a darte
sin duda esta nueva, como
a recibirla no salen,
que a ello se habrá adelantado
por mandado del Infante
o de la Reina.

Rey   ¿Qué Reina?

Vasco   La hermana del rey don Jaime.

Rey   Pues esa no es Reina, Almeida:
llamadla de aquí adelante
la infanta: Leonor es Reina.

Leonor (Aparte.)   Mucho debo al Rey; pesares,
                     haced que no lo conozca
                     si he de morir de constante.

Vasco   Yo seré más advertido.

Rey   Pues sedlo para agradarme.

Vasco   Ya ha llegado Juan Lorenzo.

Leonor   ¡Ay de mí!

Rey   Ya llega tarde.

Vasco   ¿Qué se ha de hacer?

Rey   Que cesen
                     los aplausos que empezasteis.

Todos   ¡Vivan Fernando y Leonor!

Rey   Volved a darla leales
                     la obediencia; portugueses,
                     proseguid el vasallaje.

(Vuelven a besarle la mano, tocando las chirimías, y por otra parte tocando clarín y cajas, van saliendo poco a poco Juan Lorenzo y Barreto.)

Juan   ¿Qué festivo aplauso es este?
                     Juntos asisten los grandes:
                     junto está el reino; ¿a quién juran
                     obediencia y homenaje?
                     Quiero informarme: ah, hidalgo

decidme, así Dios os guarde,
¿a quién obediente el reino
aquesos aplausos hace?

Merino   A la Reina.

Juan   ¿Qué decís?

Merino   A la Reina.

Juan   ¡Ay más notable
confusión! ¿quién es la Reina,
si aún no ha llegado el Infante
con la Reina?

Merino   Juan Lorenzo,
yo no sé más; esto baste.

Prior   ¿Ha de llegar Juan Lorenzo?

Rey   Yo voy a que llegue a hablarme.

Juan   Todo yo soy confusiones.

Rey   ¡Fuerte empeño!

Leonor   ¡Fuerte lance!

Juan   Déme vuestra majestad
a besar sus pies reales.

Rey   A mal tiempo habéis venido,
Acuña.

Juan	¿Cómo el que trae la Infanta, y viene de haberos servido a vos y al Infante, llegar a mal tiempo puede?
Rey	Porque ya ha llegado tarde la Infanta, y aun vos.
Juan	Señor ¿Qué decís?
Rey	Mucho os tardasteis; pero ya que habéis llegado en esta ocasión, besadle la mano a la Reina, Acuña; haced lo que todos hacen.
Juan	¿Casado vos?
Rey	Juan Lorenzo, hoy me casé; ¿que dudasteis? Besad su mano.
Juan	Señor, ciegos somos los leales: yo obedezco vuestro gusto sin disputar el desaire.
Rey	Llegad, que allí está la Reina.
Juan	Yo llego. ¡El cielo me ampare! ¿Estoy soñando? ¿estoy loco? Si no me mata el dolor mucho le debo al valor,

y a mis sentimientos poco.
Si es verdad esto que toco,
honor, no te pido aliento;
si yo, estatua al sentimiento,
me quedé inmoble, por dar
desagravios al pesar
y vanidad al tormento;
honor... Pero él no lo sabe,
que es fiscal y no testigo,
es verdad; pero ¿qué digo?
Esto en la verdad no cabe;
una sinrazón tan grave
solo fue sueño o quimera;
mas iojalá que lo fuera,
porque si ahora soñara,
alguna vez despertara
de una deshonra tan fiera!
Mas yo llego; ies devaneo!
Leonor no debió de ser
mi mujer, o esta mujer
no fue Leonor, esto creo;
vuestra alteza (iqué rodeo!)
Leonor, esposa, un vasallo...
Cierto es mi mal, no hay dudallo,
pues por uso, aunque me riño,
hallo el nombre del cariño
y el del respeto no hallo.

Rey ¿Qué os detiene? ¿qué os suspende?
Llegad; ¿qué os ha suspendido?

Juan Un mal que el alma ha sabido
y que ignorarle pretende:
una duda que se entiende

y una ilusión que comienza
a formarse y se avergüenza:
y una verdad muy desnuda,
que la cubro con la duda
porque no esté a la vergüenza:
un agravio que se ve.

Rey

Cerrad, Juan Lorenzo, el labio:
yo no os ofendo ni agravio;
Leonor vuestra esposa fue;
yo primero me casé
con ella, el cielo es testigo
en mi intención, y así digo
que en el amor de los dos,
más que yo ofensor con vos,
fuisteis vos traidor conmigo.
Vuestra fue, tenéis razón;
mas ya el matrimonio ha sido
inválido y dirimido
por faltar dispensación,
y porque para esta unión
de su padre fue forzada;
ya está con un rey casada,
y así no hay más que entender
que para vos llegó a ser
sueño, ilusión, sombra o nada.

Juan

¡Esta ingratitud escucho!
¡Tú forzada, dueño mío!

Leonor

¡Con qué de penas porfío!

Juan

¡Con qué de pesares lucho!

Leonor	Quién dijera (¡dolor mucho!) mas temo al Rey su fiereza.
Juan	¿Yo violenté tu belleza?
Leonor	Señor Juan Lorenzo, sí.
Rey	¿Qué hacéis, Juan Lorenzo, así?
Juan	Besar la mano a su alteza.
Rey	Bien hacéis; yo os di licencia para que beséis su mano; pero al cielo más profano debe guardar reverencia. Ya en Leonor hay diferencia del ser que antes ha tenido, y así, borrad advertido cuanta memoria profana dijere que hoy es humana en fe de que ayer lo ha sido. Tiene un escultor labrada la imagen, y antes de estar colocada en el altar, la toca con mano osada, mas si ya está colocada fuera error profano y feo. Escultor fuisteis grosero, mas ya colocada está, ved que es sacrilegio ya tratarla como primero. Volved, pues desto avisado y pues sabéis mi afición a la Infanta de Aragón...

Vasco	Señor, la Infanta ha llegado.
Rey	Pues decid...
Vasco	¡Lance apretado!
Juan	Deste agravio apelo a Dios; ¿Qué responderé a los dos?
Rey	Juan Lorenzo, en pena tanta, despedid vos a la Infanta, pues que la trujisteis vos.

(Tocando clarín y cajas, se van entrando el Rey y su acompañamiento por una puerta, quedando solo Juan Lorenzo, y por la otra van saliendo la Infanta, el Maestre y acompañamiento.)

Maestre	Cesad, no se queje el parche, no giman más las trompetas, haced que enmudezca el bronce, reprima el metal sus quejas, pues entrando por Lisboa, y llegando con la Reina, ni en la ciudad, ni en Palacio hay un indicio, una seña de salir a recibirme.
Infanta	Hasta las cuadras primeras del Palacio hemos llegado, y confusas y suspensas discurren las gentes todas, sin que la ocasión se entienda. Buen agasajo, Maestre:

¿Así recibe a sus reinas
Portugal?

Maestre   La causa ignoro,
aunque es fuerza que la tengan.
Confuso estoy, y aun corrido:
todo es confusión y penas.
Juan Lorenzo, honor de Acuña,
gloria ilustre portuguesa...

Infanta   Descubrid vos este enigma.

Maestre   A vos mis dudas apelan.

Infanta   ¿Quién causa estas novedades?

Maestre   ¿Por qué los nobles me dejan?

Infanta   ¿Cómo el Rey no me recibe?

Maestre   ¿Cómo el reino no hace fiestas?

Infanta   ¿Sabe el Rey que yo he llegado?

Maestre   ¿Saben que está aquí la Reina?

Infanta   ¿No respondéis?

Maestre   ¿Estáis mudo?

Infanta   ¿Vos suspiros?

Maestre   ¿Vos ternezas?

Infanta	Grande desdicha adivino.
Maestre	Gran pesar el alma espera.
Infanta	¿Es vivo el Rey, mi señor?
Maestre	¿Es muerto mi hermano? Apriesa, decid.
Juan	No es muerto, el Rey vive, que menos desdicha fuera: mi honor es el muerto, Infante.
Maestre	Juan Lorenzo, ¿habláis de veras?
Juan	El Rey fue...
Maestre	Que ya adivino la ocasión de aquesas quejas: ya sé su intento; mas tú, profeta de tus ofensas, te anticipaste sin duda tu agravio con imprudencia. Tu esposa habrá procedido como noble en esta ausencia; el Rey solo tendrá culpa. Pero ya viene su alteza, que sabrá quietar al Rey, pues es Reina.
Juan	¿Quien es Reina?
Maestre	¿Eso preguntas?

Juan	Señor,
	si lo dices por su alteza
	la Infanta, ya, pues, tu hermano
	me ha mandado que la vuelva;
	casado está el Rey, Infante.
Infanta	Juan Lorenzo, ¿hablas o sueñas?
Maestre	¿Casado? di, ¿estás soñando?
Juan	Pluguiera a Dios lo estuviera;
	el Rey se ha casado, Infante,
	con... Digámoslo de priesa,
	con mi espo... Pero ¿qué digo?
	La infame voz retroceda,
	y hacia el secreto del alma
	den los ecos de mi afrenta;
	no digamos más, honor,
	éstas basten para señas:
	más dije que yo pensaba,
	pero menos que pudiera.
	Esto baste, no me obligues
	a que desnuda se vea
	en lo escueto de las voces
	mi deshonra a la vergüenza.
	Llórelo yo, y no lo diga,
	pues de ocasión como aquesta
	sacó que llorar mi honor
	y no que decir mi lengua.
Infanta	Juan Lorenzo, espera, aguarda;
	no es tiempo ahora de quejas,
	que nunca son del agravio,
	medicina las ternezas.

Yo, que del desaire mío
miro un retrato en tu ofensa,
recetaré para entrambos,
médico de mis afrentas,
medicinas de venganzas
que solo al honor remedian.
Volved a Aragón, amigos,
marchad otra vez la vuelta
de Castilla: bese el aire,
en sutiles obediencias
las barras que mi venganza
ha de volver más sangrientas.
Borrad esos nuevos timbres,
desgarrad de mis banderas
las aragonesas barras
y las quinas portuguesas.
Sepa el mundo...

Maestre   Gran señora,
no es menester que tú seas
quien dé venganzas divinas
a tan humanas ofensas;
a mí ha sido este desaire,
que a la faz del Sol no llega
vil impresión peregrina
que acá en el aire le queda.
Por mi corre esta venganza,
este agravio está a mi cuenta,
y sabrá desempeñarle
mi razón cuando convenga.
No anticipéis el desaire,
vamos a que el Rey nos vea,
podrá ser que cara a cara
le obligue a más reverencia

lo material de los ojos
que la fe de las orejas;
y cuando a deidad tan alta
profano ignore, y no crea,
a pesar de sus antojos,
de su amor o de sus penas,
vencido de mis razones,
de mis voces, de mis quejas,
vos habéis de ser su esposa;
y si no bastaren ellas,
sabré yo, contra mí mismo
y contra mi sangre mesma,
inundar la Europa en sangre,
que soy en cualquier empresa
don Juan, maestre de Avís,
de quien dicen las estrellas
que ha de ser rey; teme, hermano,
que en esta ocasión no sea.

Infanta   Pues, Maestre, ¿qué aguardamos?

Maestre   Pues, Juan Lorenzo, ¿qué esperas?

Infanta   Brille tu espada ofendida.

Maestre   Sígueme a mí y a la Reina.

Infanta   Que si tú mi ofensa amparas...

Maestre   Si tú conmigo te empeñas...

Infanta   El fuerte escudo en el brazo...

Maestre   El freno herrado en la diestra...

Infanta	Yo haré a Portugal cenizas.
Maestre	Yo haré que Europa me tema.
Infanta	¿Qué respondes?
Maestre	¿Qué nos dices?
Juan	Que entre la duda y la afrenta,
	la lealtad y la venganza,
	solamente me consuela
	que antes que elija en mis dichas
	vengarlas o padecerlas,
	sabré morirme de honrado,
	que aunque la muerte no quiera,
	también la afrenta es veneno,
	y me matará mi afrenta.

Fin de la segunda jornada

Jornada tercera

(De don Francisco de Rojas.)

(Sale el Rey alborotado, y medio desnudo, con una luz en la mano y la espada
desenvainada.)

Rey   Fantasía de los ojos,
bulto aparente a los míos,
ni bien sombra de lo que eres,
ni cuerpo de lo que has sido:
estatua móvil de hielo,
ente de razón preciso,
pues al fingirte corpóreo,
no eres aquél que te finjo;
don Juan Lorenzo de Acuña,
pregúntote yo a ti mismo:
si cuerpo, ¿cómo tan muerto?
Si sombra, ¿cómo tan vivo?
Retóricamente mudo
examinas mis delitos;
pregúntame con palabras,
no me hables con suspiros.
Esta noche vivo estabas
y va cadáver te miro;
ayer eras tú tu ejemplo,
y hoy eres ejemplo mío.
¿La mano derecha alargas,
cuando yo la espada vibro?
Dígame tu voz primero
si es lealtad o es sacrificio.
¿También la afrenta es veneno
decís, airado conmigo?
Pues no lo será la afrenta;

mi acero será el castigo
hoy a su impulso... ¿qué es esto?

(Tira cuchilladas al aire, y quédase como turbado.)

Bronce helado me corrijo,
apenas puedo moverme.
Juan Lorenzo (¡estoy perdido!)
Vasallos... (No he de llamarlos.)
Espera (¡Mortal me indigno!),
aguarda.

(Al irse a entrar el Rey, sale por la misma parte Vasco de Almeida, y le detiene.)

Vasco   Señor, ¿qué es esto?
¿Vos, Señor, tan vengativo?
¿Contra quién vuestra pasión
indigna el acero limpio?
¿Contra quién estáis airado
que no se rinde vencido?
¿Y cómo ya vuestro acero
no está en rojo coral tinto?
Porque no ha de verse en blanco
el acero de un rey vivo,
o la vaina ha de ocultarlo
o la sangre ha de teñirlo;
¿Vos a estas horas en pie?

Rey   ¿Habéis visto...

Vasco   A nadie he visto.

Rey   A Juan Lorenzo de Acuña,
que muerto, pálido y frío,

con la mano por espada,
y con la razón por filo,
salió por esa antesala?

Vasco   Que es ilusión averiguo,
porque yo en su propia casa
lo dejé anoche.

Rey   Ha podido
tanto mi injusticia en mí,
que ella propia me ha vestido,
viendo que desnudo estaba,
del color de mi delito.

Vasco   Señor, decidme el suceso,
que me hallo tan indeciso...

Rey   Que, ¿no es verdad?

Vasco   Que soy yo
la enigma de este prodigio.

Rey   Estadme, don Vasco, atento.

Vasco   Decid, rey Fernando.

Rey   Digo.
Iba a descansar el Sol
en el lecho cristalino,
y le mulleron sirenas
los transportines de vidrio,
cuando con doña Leonor
el tálamo solicito,
y a sus desdenes constantes

llamé con blandos cariños.
Apenas en mi retrete
con mi esposa me retiro
(si de quien es rey cruel
el nombre de esposo es digno),
cuando por sus bellos ojos
desangrados hilo a hilo,
dos arroyos desatados
salieron tan encendidos,
que abrasaban sus mejillas;
pero a poco espacio miro
que aunque reventaron fuego
se quejaron en granizo.
Vencí, sin vencerla, en fin,
el alma de su albedrío;
mas no busca conveniencias
quien quiere por apetito.
Pero prosiguiendo el llanto,
sin saber que ella lo dijo,
oigo, siendo yo su esposo:
«¡Ay don Juan de Acuña mío!»
Yo, viendo que es ya mi esposa,
la venganza solicito,
al repudio me propongo,
la excepción del Rey publico,
descasarme otra vez quiero,
volverla a su dueño admito;
sentilo como señor,
llorélo como ofendido,
véngome como cruel,
y como noble me indigno.
Conoció Leonor sus yerros
y que habló lo que no quiso;
mas como escribió el dolor

en su corazón divino
su amor con pluma de agravio
y tinta de color tibio.
Como estaba abierto entonces
el papel de sus delitos,
leyeron la lengua y ojos
lo que el dolor había escrito.
Pensaba yo en repudiarla,
el blando lecho despido,
cuando volviendo los ojos
hacia esa otra pieza, miro
a Juan Lorenzo de Acuña,
el rostro sin color vivo,
todo sombra, asombro todo,
el enigma de sí mismo.
La mano siniestra puso
sobre el acero bruñido
y la diestra me alargaba,
u de obediente u de altivo;
mas neutral mi confusión,
como miro a un tiempo mismo
en clausura de una funda
tapiado el acero limpio,
y que su mano derecha
era su mismo castigo,
lo mismo que me indignaba
aquello me satisfizo.
Con todo, aunque tan leal,
como sombra le distingo,
mi espada encargo a mi brazo,
cólera y valor irrito,
con palabras le provoco,
con el acero le obligo;
y solo dio a mis enojos

la respuesta por delito,
también la afrenta es veneno.
Más me enoja, más le sigo,
él se aparta, yo me templo,
y a este tiempo el cielo quiso
que a tu espada me suspendo
y a tu razón me apaciguo.
Leonor no ha de ser mi esposa,
aunque es mi esposa, que he visto,
que el amor que fue primero,
arde en las cenizas tibio;
yo no he de vivir celoso
aunque viva mal querido:
los celos son para amantes,
pero no para maridos.
Hoy a su primer esposo
reducirla determino.
Del imperio he de valerme,
puesto que ofensa no ha sido
que la goce como esposo
quien la dejó como indigno;
así admitiré a la Infanta,
evitaré los peligros
que amenazan a mi imperio
por ser con razón precisos;
corregirá mi recato
lo que supo errar el vicio,
borraré aquesta ilusión
que confunde mis sentidos:
deberé a su celo premios,
a su efecto beneficios.
Esto es lo que me ha pasado,
esto lo que determino;
esto ha de ser, vive Dios,

esto en mi reino publico.
Vos sois quien ha de ayudarlo,
de solo vos me confío,
ya habéis sido mi maestro,
ahora os negocio amigo.

Vasco   Con lágrimas de amor siento
(¡Oh Rey, invicto señor!)
que vendáis por pundonor
lo que es aborrecimiento.
Con nombre de esposo veo
que habéis gozado a Leonor:
cansado se ha vuestro amor,
no era amor, era deseo;
y hoy conoce mi verdad,
que con fingidos desvelos
achacáis a vuestros celos
lo que erró vuestra crueldad.
Leonor fue esposa la también
de Juan Lorenzo, Señor:
si era discreta Leonor,
¿no había de quererle bien?
Y ya, en caso semejante
conozco vuestro despego,
que si amor estuvo ciego
no pudo estar ignorante;
y pues visteis la pasión
de dos almas siempre unidas,
¿por qué han de pagar dos vidas
lo que erró una sinrazón?

Rey   En fin, repudiarla quiero
y otra vez la ha de llevar.

Vasco	Si le queréis castigar
	mejor es con vuestro acero:
	ved que ira tan sangrienta
	dais al rigor más rigor:
	basta una ofensa, Señor,
	sin que la hagáis otra afrenta.
Rey	Si porque mi intento os muestro
	tan contra mi gusto os hallo...
Vasco	Aunque soy vuestro vasallo,
	he sido vuestro maestro.
Rey	Ahora no se ha mostrado.
Vasco	Decís bien, que entre los dos,
	nadie juzgará, por Dios,
	que soy quien os ha enseñado.
	Copia el discipulo es fiel
	del maestro que ha tenido:
	¡Qué distintos hemos sido!
	Yo piadoso, y vos cruel.
Rey	Cruel mi padre vivió,
	su fama lo contará
	así: ¿qué mucho será,
	que imite sus pasos yo?
Vasco	Aunque cruel vino a ser
	(esto se ha de reparar),
	fuelo para castigar,
	mas no para cometer.
Rey	Padezca, o sufra rigores,

94

que he de volvérsela digo.

Vasco Y yo, como vuestro amigo,
lloraré vuestros errores.

Rey ¡Qué cansado!

Vasco Soy leal.

Rey Vasco, dejadme.

Vasco Ya os dejo.

Rey ¡Qué de consejos!

Vasco Soy viejo.

Rey Y muy viejo.

Vasco Estoy mortal.

Rey ¡Hola!

(Sale Don Claudio.)

Don Claudio Señor, ¿qué me ordenas?

Rey Dadme luego de vestir.

Vasco Dejadme, penas, sentir.

Rey No estorbéis mis glorias, penas.

Don Claudio ¿Tan presto está el Rey vestido?

No su intención comprehendo:
Obedecerle pretendo.

(Vase.)

Rey

Ya pienso que ha amanecido;
oíd, Vasco. Esta ilusión,
esto que he visto aparente,
lo estoy juzgando presente,
y sola aquella razón
me tiene de dudas lleno,
que aunque muerto le he dudado,
parece que le he escuchado
también la afrenta es veneno.

Vasco

Cuando es muy grande un exceso
si le viste la malicia,
parece que la injusticia
está anunciando el suceso.
Vos con la afrenta, Señor,
con castigo tan ajeno,
le haréis que beba el veneno
de su propio deshonor.
Si le bebe, morirá,
y como ha de obedecer
lo que en la muerte ha de ser
lo previene en vida ya;
y así por mayor blasón
por dejaros satisfecho,
está prevenido en hecho
lo que solo es ilusión.
Esto si vasallo ha sido,
bien que ahora os ha asombrado,
pues lo que no habéis pensado

en sombra has obedecido.
Y como ha de morir lleno
de afrenta y de sinrazón,
hoy os dice en ilusión
también la afrenta es veneno.

Rey La interpretación, don Vasco,
ha salido como vuestra.

(Sale Don Claudio con vestidos en una fuente y espejo.)

Don Claudio Ya, Señor, puedes vestirte,
que ya vestida su alteza
sale a esta pieza también.

Rey ¿Quién se ha vestido?

Don Claudio La Reina.

Rey Doña Leonor de Meneses
es solo.

(Sale Doña Leonor.)

Doña Leonor Criada vuestra.

Rey Dadme de vestir, don Claudio.

(Vuelve el Rey el rostro hacia otra parte, y vístese sin mirar a Doña Leonor)

Doña Leonor ¿Qué es, Señor, lo que me ordenas?
(Aparte.) (Finjamos, penas, finjamos:
¡Ay amor lo que me cuestas!)
Leonor, tu esposa, a tus brazos

con alas de blanda cera,
mariposa racional,
a tu ardiente amor se entrega.
¿No me respondes, Señor?
¿No te merezco respuesta?
¿El rostro vuelves airado?
¿La luz a mis ojos niegas?
No haces bien, que mi razón
puesta a tu luz no luciera;
pero volviéndola el rostro,
si hoy a la sombra la dejas,
arderá como razón
la que encendió como queja.

Rey   La valona.

Doña Leonor   ¡Que esto sufro!
¡Que esto los cielos consientan!
¡No basta una tiranía,
sino también una ofensa!
¿Este es amor, o es recelo?
¿Es despego, o es violencia?
¿Es cuidado, o es temor?
Si celos, ¿qué te recelas?
Oye este ejemplo, Señor,
y aviso a tus ojos sea
para que con mi lealtad
se asegure tu grandeza.
La rosa, joya del prado,
a quien el alba alimenta,
y sumiller de sí misma
se recoge y se desprecia,
bello maridaje hacía
con el jazmín en la selva:

velos de plata gozaba,
que ella en púrpura conserva,
llegó mano poderosa
y sacó la raíz mesma
de la rosa, y en el prado
junto al clavel la conserva,
que como rey de las flores
despreciaba las violetas.
Cuando la rosa arrancaron,
con llanto de coral vieras,
que amante sintió rigores,
que antes adoraba tierna.
Pero viendo que es su esposo
el clavel, y que, en fin, reina,
segunda vez enrojece
su púrpura macilenta;
olvida al jazmín su esposo,
al clavel su rey aprueba,
que a veces vence el poder
lo que el amor no pudiera;
y así...

Rey   Ya estás entendida:
                       el ferreruelo.

(Pónese el ferreruelo, y salen Juan y Barreto.)

Barreto   ¿Así te entras
                       sin hablar una palabra
                       hasta el cuarto de su alteza?
                       ¿Qué intentas hacer?

Juan   Pedirle
                       para partirme licencia

a Castilla, donde intento
que Portugal todo sepa,
que diga... ¡Qué torpe estoy!
Es el dolor y la pena
escalón desconcertado
donde tropieza la lengua.
Tú, Barreto, vete a casa.

Barreto   Tu precepto es mi obediencia.

(Vase.)

Doña Leonor   En fin, Señor, ¿qué a mi voz
atajas desta manera?
¿Al desprecio te consientes,
cuando yo soy roca opuesta
a un amor, que ya olvidado,
olas de llamas le inquietan?
¡Vive el cielo cristalino,
bello espejo de la tierra,
que a mi venganza mi voz
ha de ser mi espada mesma!
Rey, señor, esposo, amante,
dueño, luz...

Juan   ¡Oh pena fiera!
¡No me bastaba saberlo,
sino que a escucharlo venga!
¡Oh pésele a mi dolor!
¡Oh mi cuidado lo sienta!
El uno en coral lo llore
y otro en valor lo divierta.

Doña Leonor   ¿A mi voz no te enterneces,

100

que como a mi propia lengua,
áspid del cuerpo no muerde
el abrigo de sus venas;
cual tronco a los verdes lazos
de la cariñosa hiedra,
que en vez de blandos halagos,
le sacudió la corteza?
¿No me respondes, en fin?
Pues óyeme esta indecencia,
por mi honor solo te llamo,
no lo hago porque me quieras,
cruel, tirano poderoso,
ingrato, desleal.

Juan   ¡Qué ofensa!

Doña Leonor   Monstruo que ha abortado el odio,
padre que hizo la violencia.

Rey   Dame el espejo.

(Toma el espejo Juan, y llévasele al Rey; túrbase este y Doña Leonor)

Juan   Aquí tienes
el espejo, donde puedas
mirar tu propio semblante;
mas con esta diferencia,
que aunque le queda el acero,
perdió su virtud secreta,
porque se empañó el cristal
con el borrón de la afrenta.

Rey   ¿Aquí estabais?

Juan	Sí, Señor:
	vengo a pedirte licencia
	para partirme a Castilla,
	porque no quiero que tengas
	siempre delante de ti
	quien con la vista te ofenda.
Rey	¡Antes me he holgado de veros,
	que esta noche os vi en mi idea
	muerta imagen de la vida,
	vivo cuerpo en sombra muerta!
	De vuestra vida me alegro,
	debedme aquesta fineza.
Juan	No os engañasteis, Señor,
	ni fue fantasía vuestra:
	murió mi honor a las manos
	de vuestra propia violencia;
	él es alma de la vida
	y quedó el cuerpo sin ella,
	pues como murió el honor
	que el cuerpo y vida alimenta,
	lo que era luz de la vida
	es ya sombra de la idea.
Rey	Basta ya, que, vive Dios,
	que al que intente...

(Empuña el Rey la daga, y va tras él.)

Doña Leonor	Vuestra alteza...
Rey	Hacer misterios de honor
	los blasones que le esperan

que con mi acero...

Doña Leonor   Tened.

(Detiene Leonor al Rey, y Juan se retira poco a poco.)

Rey   Su propio ministro sea.
                       Y vos quién sois para que...

Juan   Yo, Señor, hechura vuestra.

Rey   ¡Ay del tiempo en que los reyes
                       a tan mal estado llegan
                       que no escuchan lo que escuchan!
                       ¡Oh cielos, y quien pudiera
                       no ser el mismo que soy,
                       siendo el mismo que quisiera!

Doña Leonor   Yo soy doña Leonor Téllez...

Juan   Y yo soy quien en la guerra...

Rey   Venid, venid.

(Vase.)

Vasco   ¡Qué impiedad!

Doña Leonor   Cuya heredada nobleza...

Juan   Os ha dado más victorias...

Doña Leonor   Yo a Portugal más grandeza...

Juan	Pero si faltan oídos,
	¿Adonde aspiran las quejas?
Doña Leonor	¡Que esto sufra mi dolor!
Juan	¡Que el cielo no se enternezca!
Doña Leonor	Vasallo (¡qué mal he dicho!),
	esposo (¡qué voz tan tierna!),
	Señor (¡qué poco cariño!),
	mi dueño (¡detente, ofensa!),
	no acierto a hablarle vasallo,
	ni sé corregirme reina;
	pero entre afectos tan grandes
	del honor y la terneza,
	me llevo más del amor,
	y divertida la lengua,
	como sabe aquel camino,
	el otro que gusta deja.
Juan	¡Ay de mí, que llego a tiempo
	en que es mi blasón ofensa!
	¡Que esté mirando a mi esposa,
	y con ser mi esposa mesma
	en decirla mis cuidados
	al que me ha ofendido ofenda;
	y que en él sea pundonor
	tiranizarme mi prenda,
	y en mí, que la adoro amante,
	sea declararme bajeza!
	¡Oh leyes instituidas
	contra la naturaleza!
	¡Que reyes humanos pongan
	leyes a las almas nuestras,

	cuando aun Dios no las castiga
	hasta que los cuerpos dejan!
Doña Leonor	Salga a mi labio la voz.
Juan	Reprimamos esta pena.
Doña Leonor	Sean mis propios impulsos
	descargo de mi inocencia,
	y del proceso del alma
	sea el relator la lengua.
Juan	¡Que ya no tenga remedio
	esta pérdida, esta fuerza,
	pues ya en las leyes de honor
	admitirla es más afrenta,
	y en los de mi voluntad
	será mi muerte perderla!

Doña Leonor (Aparte.) (Con él he de hablar ahora,
mi disculpa en mí se advierta:
como que me quejo al Rey,
le he de declarar mis quejas.)

(Habla mirando al vestuario, como que se lo dice al Rey.)

Rey, si mi llanto no escuchas,
no me niegues las orejas,
que son las puertas mejores
por donde se entra a la enmienda:
bien sabes que resistí
como amante esta violencia,
porque no reina en los cuerpos
quien en las almas no reina.

¿Que cetro como el contento?
Si es el amor quien gobierna
el arco de las bonanzas,
tiró al corazón su flecha;
yo he querido a Juan Lorenzo,
tú me haces que no le quiera,
por ser reina me reprimo,
no le hablo, porque soy reina.
¡Juan Lorenzo, Juan Lorenzo!

Juan   ¿Qué me manda vuestra alteza?

Doña Leonor   No hablaba con vos ahora.
(Aparte.)   (Tente, amor, que me despeñas)

Juan (Aparte.)   (Tente, ofensa, que me matas:
satisfacción, ¡qué aprovechas!
¡que he de callar y sentir!)
El Rey se salió allá fuera.

Doña Leonor   Pues si él se fue, yo me voy.
(Aparte.)   (¡Oh cielos, y quién pudiera
no hablarle como quien soy
y amarle como quien era!)

Juan (Aparte.)   ¡Quién pudiera, oh pena mía,
si no es más de una mi pena,
que esta ofensa, si la hablara,
hacer que no fuera ofensa!

Doña Leonor (Aparte.) Pero aquí de mi valor.

Juan (Aparte.)   Ahora de mi nobleza:
aunque el Rey la repudiara,

no era posible quererla.

Doña Leonor (Aparte.) Ya, aunque me olvidara el Rey,
no era bien que él me quisiera.

Juan (Aparte.)   Pues a llorar, sentimientos.

Doña Leonor (Aparte.) Lágrimas, a tierra, a tierra:
centro hay para los dolores.

Juan (Aparte.)   Muerte hay para las violencias.

Doña Leonor (Aparte.) Que, en fin, perdí... No lo digo.

Juan (Aparte.)   En fin, yo lloro... es bajeza.

Doña Leonor (Aparte.) ¡Que otro esposo tengo en vida

Juan (Aparte.)   ¡Que sin su muerte la pierda!

Doña Leonor (Aparte.) ¡Que, en fin, le he perdido ya!

Juan (Aparte.)   ¡Que, en fin, es fuerza perderla!

Doña Leonor   Quedaos con Dios, Juan Lorenzo.

(Vase Doña Leonor)

Juan   Guarde el cielo a vuestra alteza.

(Vase.)

(Sale Barreto.)

Barreto	Cierto, que soy desdichado,
	mas soy, criado, en efeto:
	¡Que siendo yo tan discreto
	sirva a un amo tan menguado!
	Señores, no puedo ver,
	aunque la estime y adore,
	que haya marido que llore
	porque perdió a su mujer;
	y no, que con la congoja,
	portugués de más valor,
	derretido de su amor
	lágrimas de sebo arroja.
	Mas si conmigo lo hicieran,
	llorara, aunque me agraviaran,
	no que a mí me la quitaran,
	sino que a mí me la dieran.
	Yo confieso nu pecado:
	si adoro a una dama bella,
	quisiera parlar con ella
	en la punta de un tejado;
	pues en vez de su trabajo
	la pagara mi interés
	con arrojarla después
	desde el caballete abajo.
	Señores, hablemos claro
	(esto quisiera saber)
	¿Hay quien quiera a su mujer?
	Que será raro, y muy raro.
	Señoras, respuesta pido
	a todos los pareceres,
	con haber tqntas mujeres
	¿Hay quien quiera a su marido?
	El marido a la mujer,
	bien que viven disfrazados,

son dos bandos encontrados
ella es Narro, y él Cader;
y que siempre están, infiero,
aunque lo fingido obre,
siempre peleando sobre
cual mata al otro primero.
Guiomar a palacio fue
y su belleza perdí;
pero ¿qué se me da a mí,
pues que nunca la estimé?
Ni la pretendo buscar
ni en Guiomar pensar quisiera;
pero si ahora la viera...

(Sale Guiomar.)

Guiomar   Aquí está doña Guiomar.

Barreto   ¿Guiomarilla?

Guiomar   ¿Mi Barreto?

Barreto   ¿Qué es esto que ha sucedido?

Guiomar   Vuelvo a casa pan perdido;
dejé el palacio, en efeto.

Barreto   Pues di, ¿por qué le has dejado?

Guiomar   Barreto, porque he advertido
que si allá fui pan perdido
aquí he ser pan ganado.
Hermano, vengo cansada
de servir y trabajar,

y más lo vengo de estar
toda la vida encerrada.
Liberanos Domine,
¿Palacio? guarda: ¡Jesús!

Barreto   Dime, Guiomarilla, pus,
¿Cómo te has salido, eh?

Guiomar   No sé como te proponga
esta repentina muda:
con mondongas era ayuda,
y con ayudas mondonga.
Aquella eterna pensión
del estar siempre esperando;
aquel estarme tasando
con una escasa ración;
aquel sisar la mitad
el que va por la comida,
la reverencia cumplida,
la fingida gravedad;
servir mucho y medrar poco,
y ver que en aqueste encanto,
el portero era mi espanto,
el guarda-damas mi coco.
Si algún corredor conquista
Amor para entretenerme,
era menester ponerme
antojo de larga vista.
La celosía inhumana
en la ventana mejor,
adonde surcó el amor
el estrecho cerbatana;
pensar que he de ser añeja
y que a salir remediada

cuando ya salga casada,
es señal que seré vieja,
Y si desto no te enfadas,
vengo, y libertad me llamo:
más quiero servir a un amo
que servir tantas criadas.

Barreto   A aquese lado te arrima.

Guiomar   Triste llega mi Señor.

Barreto   En las pintas del amor
                 vino la del Rey encima.

(Sale Juan.)

Juan   Barreto, ¿tú estás aquí?

Barreto   Y Guiomar está a mi lado,
                 porque a palacio ha dejado
                 solo por servirte a ti.

Juan   Idos los dos allá fuera.
                 ¡Oh sentimiento mortal!
                 Este cuerpo de mi mal,
                 ¡Qué prolija muerte espera!

Barreto   ¿Qué tienes? ¿qué ha sucedido?

Juan   Estoy enfermo, Barreto.
(Aparte.)   (Pero es de honor.)

Barreto   En efeto,
                 voy por médico, si ha sido

el accidente mortal.

Juan

No estés, Barreto, importuno,
que no habrá médico alguno
que pueda curar mi mal.

Barreto

Bueno es por Dios, que eso ignoras,
cuando yo su ciencia sé:
responde, Señor, ¿pues qué,
curan algo los doctores?
Apeose un médico a hablar
a otro médico estafermo
a la puerta de un enfermo
que él venía a visitar
de una postema, o flemón
que en la garganta tenía
y sobre cómo vivía trabaron conversación,
y para hablar sin trabajo
la mula al portal envía:
es a saber, que vivía
el enfermo en cuarto bajo.
La mula con desenfado,
con gualdrapa y ornamento,
se fue entrando al aposento
adonde estaba acostado
el enfermo, que sintió
herraduras, con dolor
dijo: «Aqueste es el doctor»;
sacó el pulso, y no miró:
la mula, que miró el brazo
sin saber sus accidentes,
tomó el pulso con los dientes
con grande desembarazo.
Él volvió el rostro con tema

y salió a echarla en camisa,
pero diole tanta risa
que reventó la postema.
El médico que la vio,
para que el mozo la agarre,
le dijo a la mula: Arre: -
y él dijo al médico, «Jo,
señor doctor, yo he quedado
absorto del caso, y mudo,
la postema, que él no pudo,
su mula me ha reventado;
y si esto otra vez me pasa,
aunque el caso me atribula,
envíeme acá su mula
y quédese usted en casa.»

Juan   Borracho.

Barreto   Lindo despacho:
¿Piensas que me has ofendido?
¿No es peor morir marido?
¿Es muy malo ser borracho?
¿Es ser borracho bajeza?
Di, por tu vida, Señor,
la sangre que es la mejor,
¿no es la sangre de nobleza?
Luego es grande desatino
decir que no es grande honor,
pues es la sangre mejor
la sangre que cría el vino.
Un saludador verás
que da de soplo salud:
no es del soplo la virtud,
sino del tufo no más.

Juan	¿No me dejas?
Barreto	Necio estoy, y ya de límite pasa.

(Sale Vasco.)

Vasco	¿Está Juan Lorenzo en casa?
Juan	¿Quién se ha entrado aquí?
Vasco	Yo soy.
Juan	Pues don Vasco, ¿qué hay de nuevo?

Vasco (Aparte.)

Torpe la voz, mudo el labio,
le vengo a decir su agravio,
y a decirle no me atrevo.
El Rey, mi dueño y señor,
me ha mandado que le diga
(¡Oh cómo el precepto obliga!)
que acepte a doña Leonor;
y como es de su honor mengua,
quisiera en estos enojos
decírselo con los ojos
y callarlo con la lengua.

Juan

Vuestra pena y vuestro espanto
mueva la lengua veloz:
¿Tan balbuciente la voz,
y tan retórico el llanto?
Decid el suceso, ea,
no me tengáis tan neutral,

	no puede ser tanto el mal como yo espero que sea.
Vasco	¿Vos no sois siempre mi amigo?
Juan	Sí soy.
Vasco (Aparte.)	No hay que recelar mas no se lo he de contar.
Juan	Acabad, don Vasco.
Vasco	Digo, que echéis fuera esa criada.
Juan	Vete, Guiomar, allá fuera.
Guiomar	Obedecerte quisiera: el alma tengo turbada.

(Vase.)

Vasco	¡Yo propio he de deshonrarle!
Juan	¡Y cómo recelo oírle! ¿Si es gran mal para decirle, cuál será para pasarle?
Vasco	Digo que el Rey me ha mandado, que os diga, que vuestra esposa...
Juan	El alma tengo dudosa.
Vasco	Así, echad ese criado.

Juan	Vete.
Barreto	No me han de quitar,
	aunque mi amo lo ha mandado,
	puesto que soy su criado,
	el oficio de escuchar.
Juan	Decid.
Vasco	El Rey, singular,
	y todos los demás reyes,
	pueden promulgar las leyes,
	y las pueden derogar;
	y así, el Rey (¡válgame Dios!)
Juan	Ya no hay quien echéis, y puedo...
Vasco	Para contarlo sin miedo,
	os quisiera echar a vos:
	¡Que me obligue el Rey a mí
	a que le diga su intento!
Juan	Decid vuestro sentimiento.
Vasco	¿Quedaréis mi amigo?
Juan	Sí.
Vasco	En fin, ¿no me culparéis?
Juan	Sois mi amigo y sois mandado.
Vasco	¿Pensáis que yo estoy culpado?

Juan	A mi amistad ofendéis.
Vasco	¿Tendréis valor para oír...
Juan	¿Valor decí? ¿a quién?
Vasco	A vos.
Juan	Soy quien soy.
Vasco	Pues, vive Dios, que no os lo quiero decir.

(Vase.)

Juan	Vasco, no me satisfago, estando neutral mi vida, de que ha de ser más la herida de lo que ha sido el amago.

(Sale Don Claudio.)

Don Claudio	Vos seais muy bien hallado.
Juan	¿Qué es esto? decid, que yo...
Don Claudio	Acuña, el Rey me envió para daros un recado.
Juan	Sentaos, si el Rey os obliga.
Don Claudio	No vengo con tanto espacio: que os lleguéis luego a Palacio

me ha mandado el Rey que os diga.

Juan   Que luego iré a hablarle digo.
(Aparte.)   (¡Ah! cielos, y quien pudiera...

Don Claudio   No ha de ser de esa manera,
que habéis de venir conmigo.

Juan   ¿Mándalo el Rey? ¿Es prisión?

Don Claudio   Juan Lorenzo, yo me holgara.

Juan   ¿Es destierro?

Don Claudio   Amor me para.

Juan   ¿Mi muerte?

Don Claudio   ¡Qué confusión!

Juan   ¿Qué, murió Leonor también?

Don Claudio   En desdicha tan mortal,
solamente aqueste mal
fuera el que os hiciera bien.

Juan   Goce ella tan feliz suerte
en sus brazos repetida
y con ella tenga vida,
¿Qué me importa a mí la muerte?

Don Claudio   Su vida os ha de matar.

Juan   ¿Esto cómo puede ser?

Don Claudio	Sois objeto del poder.
Juan	¿Quién se ha muerto del dudar? ¿No me lo podéis decir?
Don Claudio	No puedo.
Juan	Solos estamos.
Don Claudio	Vamos, Juan Lorenzo.
Juan	Vamos: vida es llevarme a morir.
Don Claudio	Y será, el blasón mayor...
Juan	Que no me habléis más os pido.
Don Claudio	Juan Lorenzo, id prevenido.
Juan	Ya va conmigo el valor.

(Vanse.)

(Sale el Rey, la Infanta, Doña Leonor, Vasco y acompañamiento.)

Infanta	Católico Rey Fernando, a cuyas plantas angostas se ofrecen para despojos tantas agarenas lunas: yo soy la Infanta Leonor que a ser vino esposa tuya y la que lleva a su reino

por blasones tus injurias.
El cuello de tu afición
sujetaste a la coyunda,
o al peso más amoroso
de la más bella hermosura,
al tiempo que yo en mi reino
le presté a la fama plumas;
goza a doña Leonor Téllez
y mi lugar sustituya,
que yo me vuelvo a mi reino,
donde haré que el parche influya
en mis vasallos leales
valor a venganzas justas;
arderá el campo en venganzas
y de roja sangre pura...

Rey Detened, Infanta bella,
porque hoy es justo que suplan
mi recompensa a mi error.
Por palabras y escrituras
casado estaba con vos;
y para que esto se cumpla,
puedo, pues importa al reino,
repudiar por causas justas
mi propia esposa; y así,
hoy quiero que sustituya
una Reina natural
la que no es Reina absoluta,
y pues yo os di mi palabra...

Infanta No prosigas, que te excusas
por hacerme una lisonja
de achacarte a ti una injuria;
ya no pienso ser tu esposa,

pues tu propio a ti te acusas;
¿Qué hará a quien no tiene amor
si a la que quiere repudia?

(Sale el Maestre.)

Maestre   Y yo también he alcanzado
parte desta ofensa suya,
pues siendo yo quien la traje
a mí con ella me injurias;
y a no ser Rey y mi hermano,
vive esa campaña pura
donde son flores hermosas
los luceros que la ilustran,
que hiciera...

Rey   Tened, Infante.

Doña Leonor   ¿Qué niebla los rayos turba
adonde el Sol del amor
tantos imperios alumbra?

Vasco   Quien a la tórtola dulce
que con su esposa se arrulla
en nido...

Rey   Callad, don Vasco;
¿Vuestra lengua aún articula
contra los decretos míos
inadvertencias caducas?
¡Vive el cielo!... Y como vos
(Al Maestre.)   decid.

Maestre	Señor, si es disculpa...
Rey	A las alas de mi especie sabré yo cortar las plumas.

(Salen Juan Lorenzo, Don Claudio y Barreto.)

Don Claudio	Juan Lorenzo está en la sala.
Juan	Y el que a tus plantas consulta con el labio, que es el voto de una obediencia tan justa.
Rey	Vos seáis muy bien venido: alzad, Acuña, del suelo.

Doña Leonor (Aparte.) ¡Viva estatua soy de hielo!

Juan	Ya el mal está prevenido.
Vasco	¡Hay acción más rigurosa!
Juan	A que me mandéis espero.
Rey	Pues lo que mandaros quiero es que os llevéis vuestra esposa.

(Túrbase Juan Lorenzo.)

Juan	¿Pues quién es mi esposa aquí si es Reina doña Leonor? Porque la Infanta, Señor, no es esposa para mí.

En tan grandes intereses
declarad el premio ya:
¿Quién la mano me dará?

Rey   Doña Leonor de Meneses.

Juan   ¿Esa es la que he de aceptar?

Rey   Así mi poder lo advierte.

Juan   Pues, Señor, dadme la muerte
                que no la pienso llevar.

Rey   Ea, dad la mano vos.

Doña Leonor (Aparte.) ¡Que esta injuria sufra el cielo!

Juan   De vuestra sentencia apelo
                para el tribunal de Dios.

Rey   Juan de Acuña, esto ha de ser.

Barreto   Ahora la espada empuña.

Juan   ¿Por qué me llamáis Acuña
                si os tengo de obedecer?

Rey   Dadla la mano, y callad.

Juan   Pues advierta vuestra alteza,
                que turbando mi nobleza
                eclipsa su majestad;
                porque en mis afectos hallo
                que es mal consultada ley

que mano que fue de un Rey
lo baje a ser de un vasallo.

Rey   Honor vuestro viene a ser
como en mi poder se muestra,
que venga a ser mujer vuestra
la que ha sido mi mujer;
siendo vuestra, la admití
por Reina que el mundo vio;
pues no hacer lo que hice yo
es hacerme ofensa a mí.
Vuestra y mía fue en un día;
luego, aunque más me culpáis,
¿Qué mucho que la admitáis
después que ya ha sido mía?

Juan   Aunque es eso así, Señor,
vuestro disgusto os engaña,
lo que es en el rey hazaña,
es en el vasallo error.
Vos sois absoluto Rey
de vuestro imperio, y así
la ley que me obliga a mí
no os obliga como ley.
Pues reparad ¡oh Señor!
que así eclipsáis mi nobleza:
lo que es para vos grandeza,
es para mí deshonor.

Rey   Dejemos las digresiones
que esto ha de ser, vive el cielo.

Juan   Muerte hay para los rebeldes:
una vida sola os debo,

mas no el honor, vive Dios.

Rey   Fuera castigo pequeño
a inobediencia tan grande
vuestra vida, y así quiero
que le deis luego la mano
y daros la muerte luego.

Juan   Dejad que el acero arroje
que a vuestro acero dio aceros,
porque no le estará bien
tener tan cobarde dueño.

(Arroja la espada.)

Rey   Llegad vos, doña Leonor.

Doña Leonor (Aparte.) ¡Qué poco a mi pena debo
pues no me mata mi pena!

(Vase llegando Doña Leonor poco a poco o darle la mano.)

Juan   ¡En fin, Señor, que con esto
le pagáis tantas victorias
como debéis a mi esfuerzo!
Veneno hay que beba yo
por los ojos; venga luego,
beba yo en él la ponzoña
y no de mis sentimientos.
¡Oh pese a mi que los sufro,
no fueran mi puñal mesmo!

(Empuña la espada contra Leonor.)

¿Qué quieres, doña Leonor?
Leonor, en fin, ¿esto es cierto?
En fin, ¿la he de recibir?
¿Cómo lo digo y no muero?
¡Oh! La espada de la honra
¿Qué hace en la vaina del pecho?
¡Que he de recibirla!

Rey   Sí.

Juan   Pues, Señor, ya os obedezco
                 ¡Que me acometa el dolor
                 y que no ejecute luego!
                 Sepa el mundo, España sepa,
                 que mi natural Rey mesmo
                 me ha dado muerte a la honra
                 dejándome vivo el cuerpo.
                 Luto se ponga a mi fama
                 por la muerte de mis hechos
                 hace bien el Rey, es Rey,
                 recibir mi esposa debo.
                 Ea, dame tú la mano,
                 dame con ella el veneno
                 de la confección de injurias
                 para que relaje el pecho.

(Arrímase a Leonor y cógela la mano por fuerza.)

                 Dame la mano, Leonor;
                 pero si mi sentimiento...
                 si ahora... si yo... si aquí...
                 si mi vida...

(Cae de espaldas en una silla asido a la mano de Leonor.)

Rey	¿Qué es aquesto?
Don Claudio	Barajada la color, la voz remisa en el pecho...
Doña Leonor	Suelta la mano, Señor.

(Tira de su mano Leonor.)

Don Claudio	Ya la ha dejado, y ya veo que para decir su agravio no tuvo aliento su aliento.
Vasco	Cadáver ya le distingo.

(Aparta el Rey a un lado a Vasco y hablan los dos.)

Rey	Oídme, don Vasco, ¡oh cielos! ¿Cómo aquesta muerte ha sido?
Vasco	De vuestra ilusión me acuerdo cuando le visteis en sombra sin conocer vuestros yerros, mandastes como cruel y él como obediente ha hecho; tal quedara con su vida que de su muerte me alegro.
Rey	¿Pues qué veneno ha bebido?
Vasco	No es veneno el que le ha muerto, y es veneno el que le mata; todo es y no es a un tiempo,

que si el veneno ha faltado,
también la afrenta es veneno.

Rey   ¿Pues qué he de hacer?

Vasco   Ya, Señor,
hoy mis consejos os niego,
que aunque vinieron temprano,
llegan tarde mis consejos.

Rey   Pues si no es para su vida,
para todo hallo remedio.
Doña Leonor de Meneses
ha de quedar por mi dueño,
porque quiero honrarme yo
con lo que a su esposo ha muerto;
y pues que la Infanta vino
por mi sangre, y yo la debo
darla mi propia persona,
otro como yo la entrego:
hoy de mi hermano en los brazos
goce el divino himeneo.
Y a ti, honor de Portugal,
escríbate en bronce el tiempo,
y para eterna memoria
queda en láminas impreso,
con el buril del dolor
también la afrenta es veneno.

Prior   Y aquí tiene fin, Senado,
este caso verdadero
del Rey don Fernando el Nono,
hijo del cruel don Pedro.

Vasco	Perdonadle como nobles.
Prior	Aplaudidle como cuerdos.
Todos	Porque debamos el vítor a quien el favor debemos.

Fin de la comedia

Libros a la carta

A la carta es un servicio especializado para
empresas,
librerías,
bibliotecas,
editoriales
y centros de enseñanza;
y permite confeccionar libros que, por su formato y concepción, sirven a los propósitos más específicos de estas instituciones.

Las empresas nos encargan ediciones personalizadas para marketing editorial o para regalos institucionales. Y los interesados solicitan, a título personal, ediciones antiguas, o no disponibles en el mercado; y las acompañan con notas y comentarios críticos.

Las ediciones tienen como apoyo un libro de estilo con todo tipo de referencias sobre los criterios de tratamiento tipográfico aplicados a nuestros libros que puede ser consultado en Linkgua-ediciones.com.

Linkgua edita por encargo diferentes versiones de una misma obra con distintos tratamientos ortotipográficos (actualizaciones de carácter divulgativo de un clásico, o versiones estrictamente fieles a la edición original de referencia).

Este servicio de ediciones a la carta le permitirá, si usted se dedica a la enseñanza, tener una forma de hacer pública su interpretación de un texto y, sobre una versión digitalizada «base», usted podrá introducir interpretaciones del texto fuente. Es un tópico que los profesores denuncien en clase los desmanes de una edición, o vayan comentando errores de interpretación de un texto y esta es una solución útil a esa necesidad del mundo académico.

Asimismo publicamos de manera sistemática, en un mismo catálogo, tesis doctorales y actas de congresos académicos, que son distribuidas a través de nuestra Web.

El servicio de «libros a la carta» funciona de dos formas.

1. Tenemos un fondo de libros digitalizados que usted puede personalizar en tiradas de al menos cinco ejemplares. Estas personalizaciones pueden ser de todo tipo: añadir notas de clase para uso de un grupo de estudiantes, introducir logos corporativos para uso con fines de marketing empresarial, etc. etc.

2. Buscamos libros descatalogados de otras editoriales y los reeditamos en tiradas cortas a petición de un cliente.

www.ingramcontent.com/pod-product-compliance
Lightning Source LLC
Chambersburg PA
CBHW021931040426
42448CB00008B/1009